HISTORIA-CIENCIAS SOCIALES PARA CALIFORNIA
NUESTRA CALIFORNIA

WILLIAM E. WHITE, PH.D.
AUTOR DEL PROGRAMA

PEARSON
Scott Foresman

OFICINAS EDITORIALES
Glenview, Illinois
Parsippany, Nueva Jersey
Nueva York, Nueva York

OFICINAS DE VENTA
Boston, Massachusetts
Duluth, Georgia
Glenview, Illinois
Coppell, Texas
Sacramento, California
Mesa, Arizona

ISBN: 0-328-17410-6

9 10 11 12 13 V0UD 19 18 17 16 15

Contenido

Un libro sobre California

¿Sabías que California es el hogar del árbol más grande del mundo? El árbol General Sherman crece en el Parque Nacional de las Secoyas en nuestro estado. California es el hogar de muchas plantas y animales, y de personas de diferentes orígenes. California es también tu hogar. Tal vez hayas vivido aquí toda tu vida. Quizás acabas de mudarte aquí. De cualquier manera, probablemente hay muchas cosas que quieres aprender sobre nuestro estado.

Este libro, *tu* libro, es sobre California. Al igual que nuestro estado, es especial de muchas maneras.

El Sello del Estado de California

Árbol General Sherman

Primero, puedes escribir en él. A medida que leas, completarás líneas cronológicas y marcarás lugares en los mapas. Además responderás preguntas encerrando las respuestas en un círculo, subrayándolas o escribiendo información en tu libro.

Segundo, cada unidad de tu libro comienza con un Diario de estudio. En estas páginas escribirás lo que ya sabes sobre California, así como lo que vas aprendiendo sobre nuestro estado.

Por último, tu libro tiene muchas fotografías y dibujos de las personas y los tipos de terreno que son parte de California. Verás cómo California ha cambiado con el tiempo.

Lo que aprenderás

Tu libro comienza con la explicación de cómo está trazado el mapa de la Tierra y cómo encontrar sitios en los mapas. Esto te ayudará a interpretar los mapas del libro. Además, conocerás la geografía de California: su terreno, sus aguas y su clima.

Después de familiarizarte con el territorio de nuestro estado, aprenderás su historia. Nuestra historia de California comienza hace cientos de años con los indígenas de California. ¿Cómo se llevaban estos grupos?

Luego, explorarás las razones por las que diferentes grupos de personas llegaron a California. Muchas oportunidades atrajeron a la gente aquí en diferentes momentos. Algunos llegaron después de que se descubrió oro. Otros llegaron durante y después de la construcción de las vías de ferrocarril; y algunos otros porque estaban interesados en la industria cinematográfica.

A medida que el estado cambiaba, también cambiaba el tipo de personas que llegaban. Como resultado, la gente de California tiene diferentes pasados. Juntos, han moldeado la historia de nuestro estado y continuarán moldeando su futuro.

Las regiones de California

Leyenda
- Región del desierto
- Región del valle
- Región montañosa
- Región costera
- ★ Capital del estado
- • Otra ciudad

Este mapa muestra áreas de California que tienen las mismas características físicas.

La iglesia de San Luis Rey de Francia muestra la influencia de los españoles en nuestro estado.

Muchos japoneses llegaron a California en el siglo XIX.

v

Mantener a California en funcionamiento sin problemas es una gran tarea. En la última unidad, aprenderás sobre las leyes que guían a nuestro estado. Además, conocerás a las personas que escriben estas leyes, las que ponen en práctica las leyes, y las que deciden si las leyes han sido violadas. Algunas de estas personas trabajan para comunidades de California. Otras trabajan para nuestro estado. Y otras trabajan en Washington, D.C. Todas estas personas ayudan a la gente de California.

El siguiente paso

¿Estás listo para aprender más sobre California, sobre sus características naturales y sus valiosos recursos? ¿Te emociona saber que vas a aprender la historia del pueblo de California y cómo ha crecido y cambiado nuestro estado con el tiempo? A medida que leas, comenzarás a ver cómo estos cambios y sucesos han afectado tu vida. Además, te enterarás de cómo puedes ayudar a nuestro estado a seguir creciendo y progresando. Pasa la página para comenzar tu viaje por la historia de *Nuestra California.*

Estas personas están celebrando la fiesta mexicana del Cinco de Mayo en un festival de Los Ángeles.

Diario de estudio

En esta unidad aprenderás cómo se divide la Tierra y cómo localizar lugares en un mapa o en un globo terráqueo. Además, conocerás las variadas partes de nuestro estado y sus ciudades. Completa las actividades de estas páginas a medida que leas la unidad.

Lo que sé sobre...

la parte de California en la que vivo:

_____

¿Cuáles son las regiones de California?

En el siguiente mapa, traza las cuatro regiones de California sobre las que estás aprendiendo.

- Dibuja una estrella en el mapa en el lugar donde está ubicada la capital del estado.

- Coloca un punto negro donde vives.

- Dibuja los accidentes geográficos y los ríos que has estudiado.

En las siguientes líneas, describe dos regiones de California distintas a la región en que vives.

1. Región:

_____

_____

_____

2. Región:

_____

_____

_____

Completa estas secciones a medida que leas la unidad.

En el globo terráqueo, dibuja y rotula lo siguiente:

- el ecuador
- el primer meridiano
- el trópico de Cáncer
- el polo norte
- el polo sur
- el trópico de Capricornio

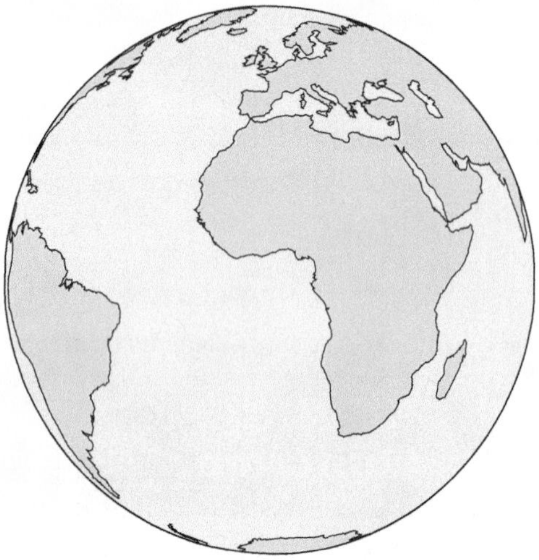

Encierra en un círculo dos de los siguientes términos y explica cómo los usarías para describir dónde te encuentras.

- longitud
- ubicación absoluta
- latitud
- hemisferio

Término 1:

Término 2:

Haz un dibujo de cada uno de estos tres tipos de comunidades.

urbana	suburbana	rural

He aprendido...

Nombre:

H-SS 4.1.1 Explican y usan un sistema de coordenadas de latitud y longitud para determinar la ubicación absoluta de lugares de California y de la Tierra.

¿Cómo localizarías lugares en la Tierra?

CONÉCTATE ¿Cómo le explicas a alguien cómo encontrar un lugar? Puedes decir su nombre, algo así como *Ridgecrest, California*; o puedes dar su ubicación. La ubicación de Ridgecrest es 36 grados norte, 118 grados oeste. ¿Qué crees que significan estos números y direcciones?

Vistazo previo
Vocabulario

rosa de los vientos *(s.)* símbolo que muestra las principales direcciones o puntos cardinales en un mapa

línea de latitud *(s.)* línea imaginaria que va en dirección este-oeste alrededor de la Tierra

línea de longitud *(s.)* línea imaginaria que va del polo norte al polo sur

ubicación absoluta *(s.)* ubicación exacta o casi exacta de un lugar en la Tierra expresada en grados norte o sur, y este u oeste

ecuador *(s.)* línea de latitud que recorre la Tierra por la mitad

primer meridiano *(s.)* línea de longitud principal de la Tierra

Actividad de vocabulario Encierra en un círculo la palabra del vocabulario de arriba que describe lo que usarías en un mapa para encontrar la dirección.

Lectura: Idea principal y detalles

La *idea principal* dice de qué se trata en gran parte el párrafo. Los escritores con frecuencia incluyen una oración temática que explica la idea principal. Las demás oraciones proporcionan detalles de apoyo que explican la idea principal. A medida que leas la lección, subraya la oración temática de cada párrafo.

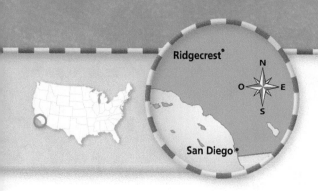

Direcciones

Las direcciones son importantes para localizar lugares en un mapa. El mapa que aparece arriba muestra una parte de California. Puedes ver que Ridgecrest está al norte de San Diego. El norte, el sur, el este y el oeste son las direcciones principales, o puntos cardinales. Los puntos cardinales a menudo se muestran en los mapas con una rosa de los vientos. La **rosa de los vientos** es un símbolo que muestra las direcciones principales en un mapa.

Latitud y longitud

También se pueden encontrar lugares en un mapa usando la latitud y la longitud. Una **línea de latitud** es una línea imaginaria que va en dirección este-oeste alrededor de la Tierra. Una **línea de longitud** es una línea imaginaria que va del polo norte al polo sur. Estas líneas forman una cuadrícula de coordenadas, o sea una serie de líneas que se entrecruzan en los globos terráqueos y los mapas. Tanto la latitud como la longitud se miden en grados (°).

1. Idea principal y detalles
¿Cuáles son los puntos cardinales?

_____

_____

2. Idea principal y detalles
¿En qué dirección van las líneas de latitud?

_____

_____

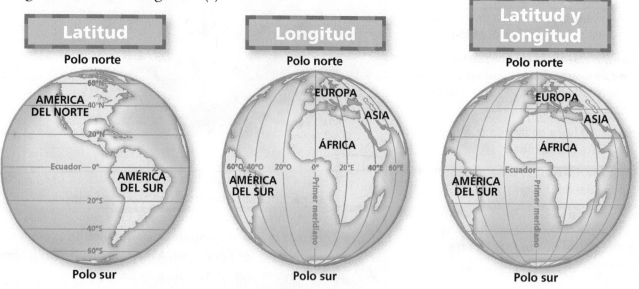

En el tercer globo terráqueo, traza una línea de longitud.

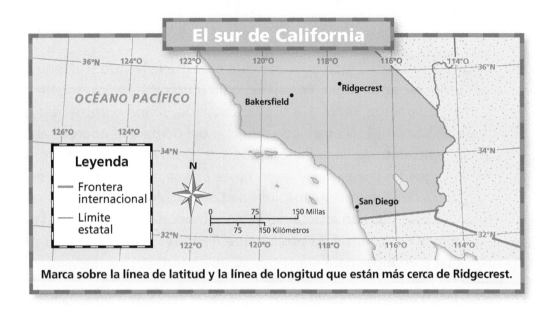

El sur de California

36°N 124°O 122°O 120°O 118°O 116°O 114°O 36°N

OCÉANO PACÍFICO

•Ridgecrest

Bakersfield•

126°O 124°O

34°N 34°N

N

Leyenda

— Frontera internacional

— Límite estatal

San Diego

0   75   150 Millas

0   75   150 Kilómetros

32°N 32°N

122°O 120°O 118°O 116°O 114°O

Marca sobre la línea de latitud y la línea de longitud que están más cerca de Ridgecrest.

Ubicación absoluta

Cada punto en la Tierra tiene una ubicación absoluta. La **ubicación absoluta** es la ubicación exacta o casi exacta de un lugar en la Tierra expresada en grados norte o sur, y este u oeste. La ubicación absoluta de un lugar consiste, en parte, en sus grados de latitud al norte o al sur del ecuador. El **ecuador** es la línea de latitud que recorre la Tierra por la mitad. Es el punto de partida para medir los grados de latitud. Dado que Ridgecrest está a 36 grados al norte del ecuador, parte de la ubicación casi absoluta de Ridgecrest es 36 °N.

La ubicación absoluta de un punto también incluye sus grados de longitud al este o al oeste del primer meridiano. El **primer meridiano** es la línea de longitud principal de la Tierra. Es el punto de partida para medir los grados de longitud. Como Ridgecrest está aproximadamente a 118 grados al oeste del primer meridiano, la otra parte de la ubicación casi absoluta de Ridgecrest es 118 °O. La ubicación absoluta de Ridgecrest se escribe: 36 °N, 118 °O.

3. ¿Por qué es útil saber la ubicación absoluta de un lugar? *Evaluar*

Resumen

Los mapas y globos terráqueos tienen instrumentos que nos ayudan a encontrar lugares. Describe cómo la latitud y la longitud te ayudan a encontrar la ubicación de lugares en la Tierra.

Latitud y longitud

Aprende más Con un mapa que muestra la latitud y la longitud es fácil localizar un lugar. Por ejemplo, la ubicación de Los Ángeles es aproximadamente 34 °N, 118 °O. Para hallarla, primero encuentra la línea de latitud 34 °N en el lado derecho del mapa que aparece abajo. Luego, encuentra la línea de longitud 118 °O en la parte superior del mapa. Sigue las líneas con el dedo hasta que se unan. Ese punto está muy cerca de la ubicación absoluta de Los Ángeles. Con frecuencia, un lugar no está ubicado exactamente donde se unen una línea de latitud y una línea de longitud. Es posible que necesites buscar las líneas más cercanas a un lugar para encontrar su ubicación.

Inténtalo

Usa el mapa para contestar las siguientes preguntas.

1. ¿Qué ciudad está ubicada cerca de 39 °N, 123 °O? *Identificar*

_____

2. ¿Entre qué dos líneas de latitud se encuentra el estado entero de California? *Analizar*

_____

3. ¿Cuáles son las líneas de latitud y longitud más cercanas a Fresno? *Aplicar*

_____

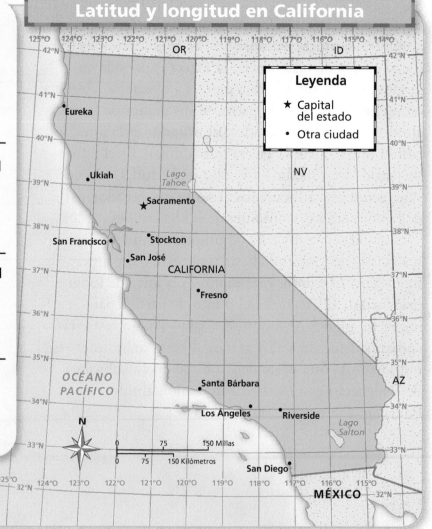

Latitud y longitud en California

Leyenda
★ Capital del estado
• Otra ciudad

H-SS 4.1.2 Distinguen entre los polos norte y sur; el ecuador y el primer meridiano; los trópicos y los hemisferios, y usan coordenadas para localizarlos.

¿Cómo se divide la Tierra?

CONÉCTATE Ya sabes cómo trazar líneas de latitud y longitud para encontrar la ubicación absoluta de lugares en un mapa. También puedes utilizar algunas de estas líneas para dividir la Tierra en secciones. Imagínate que la Tierra es una naranja. Si cortaras la naranja por el ecuador, tendrías una mitad superior y una mitad inferior; o podrías cortar la naranja por los polos. ¿Cómo se podrían usar estas secciones para describir ubicaciones de la Tierra?

Vistazo previo
Vocabulario

hemisferio *(s.)* una mitad de la Tierra

clima *(s.)* patrones del tiempo de un lugar durante un largo período

trópico de Cáncer *(s.)* el punto más al norte que el sol ilumina directamente desde arriba

trópico de Capricornio *(s.)* el punto más al sur que el sol ilumina directamente desde arriba

Actividad de vocabulario Encierra en un círculo las palabras del vocabulario de arriba que describen ubicaciones específicas en la Tierra. Subraya las palabras de cada definición que indican la diferencia entre ellas.

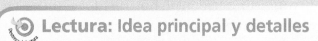
Lectura: Idea principal y detalles

Los escritores incluyen *detalles*, o más información, para apoyar la idea principal de un párrafo. A medida que leas la página 8, numera los detalles que el escritor escribió en el primer párrafo sobre los polos norte y sur.

El polo norte y el polo sur

El polo norte y el polo sur se encuentran en extremos opuestos de la Tierra. El polo norte es un punto en la parte más al norte de nuestro planeta, en donde se juntan todas las líneas de longitud, o meridianos, de la Tierra. El polo sur está en el punto más al sur, donde las líneas de longitud también se unen.

Una línea imaginaria, llamada eje terrestre, atraviesa el centro de la Tierra conectando los polos. Nuestro planeta gira alrededor de este eje cada 24 horas. Este movimiento es lo que crea el día y la noche.

Polo norte

Polo sur

Cómo dividir la Tierra

Nuestro planeta puede dividirse en áreas muy grandes llamadas hemisferios. Un **hemisferio** es una mitad de la Tierra. Se puede dividir la Tierra por la mitad por el ecuador. El área al norte del ecuador se llama hemisferio norte. California y todos los estados de los Estados Unidos están en el hemisferio norte. El área al sur del ecuador se llama hemisferio sur. La mayor parte de América del Sur está en el hemisferio sur.

La Tierra también se puede dividir desde el polo norte hasta el polo sur, a lo largo de las líneas de longitud conocidas como el primer meridiano y el meridiano 180. La mitad que está al oeste del primer meridiano y llega hasta el meridiano 180 se llama hemisferio occidental. Los Estados Unidos se encuentran en este hemisferio. El hemisferio oriental está al este del primer meridiano y también llega hasta el meridiano 180.

1. ⊙ Idea principal y detalles
¿Cuál es la idea principal del primer párrafo?

✏️ _____

_____

_____

2. ¿En cuáles dos hemisferios está ubicado el estado de California?
Sacar conclusiones

✏️ _____

_____

_____

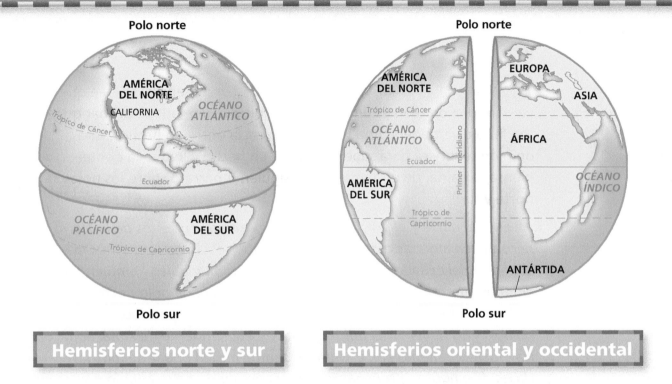

Polo norte

AMÉRICA DEL NORTE
CALIFORNIA
OCÉANO ATLÁNTICO
Trópico de Cáncer
Ecuador
OCÉANO PACÍFICO
AMÉRICA DEL SUR
Trópico de Capricornio

Polo sur

Hemisferios norte y sur

Polo norte

AMÉRICA DEL NORTE
Trópico de Cáncer
OCÉANO ATLÁNTICO
Ecuador
AMÉRICA DEL SUR
Primer meridiano
Trópico de Capricornio
EUROPA
ASIA
ÁFRICA
OCÉANO ÍNDICO
ANTÁRTIDA

Polo sur

Hemisferios oriental y occidental

En el globo terráqueo a la izquierda, marca el hemisferio norte con una *N* y el hemisferio sur con una *S*. En el globo terráqueo a la derecha, marca el hemisferio oriental con una *E* y el hemisferio occidental con una *O*.

Los trópicos

El clima en diferentes partes del mundo depende en gran parte de cómo los rayos del sol iluminan la Tierra en diferentes latitudes. El **clima** es los patrones del tiempo de un lugar durante un largo período. Los lugares en el ecuador o cercanos a él siempre tienen un clima cálido porque la luz del sol cae casi directamente sobre esas áreas durante todo el año. Las zonas cercanas al polo norte o al polo sur generalmente tienen climas más fríos porque los rayos del sol llegan a esas áreas en ángulo. Desde ese ángulo, los rayos transportan muy poco calor.

Las zonas cercanas al ecuador que reciben la mayoría de la luz directa del sol se llaman trópicos. El **trópico de Cáncer,** aproximadamente 23 °N, es el punto más al norte que el sol ilumina directamente desde arriba. El **trópico de Capricornio,** aproximadamente 23 °S, es el punto más al sur que el sol ilumina directamente desde arriba.

3. Idea principal y detalles
¿Qué son los trópicos?

Resumen

Se pueden localizar lugares en la Tierra de muchas maneras. Podemos encontrar lugares en relación a los polos o en los hemisferios. Describe la ubicación de tu comunidad usando los términos *hemisferio* y *polo*.

Hecho y opinión

Aprende más Un *hecho* es algo que por lo general se cree que es verdad. Una *opinión* es una creencia o juicio. No se puede probar que sea falsa o verdadera. Entender la diferencia entre un hecho y una opinión te servirá para saber lo que es un hecho y lo que la gente piensa, u opina, de un tema. Lee el siguiente párrafo sobre los polos norte y sur:

El polo norte y el polo sur están en extremos opuestos de la Tierra, pero tienen algunas cosas en común. Ambos están en los puntos más distantes del ecuador y sus temperaturas son muy bajas. También hay algunas diferencias entre los dos. No hay tierra en el polo norte. Está rodeado por el Ártico, donde viven animales como el caribú, los osos polares y las ballenas. El polo sur está en el continente de Antártida. Hay focas y ballenas ahí. El polo sur también es el hogar de muchas clases de pingüinos, que no viven en el área que rodea el polo norte. Los pingüinos son los animales más interesantes. Por eso es mejor estudiar el polo sur que el polo norte.

Inténtalo

Fíjate en la siguiente lista de enunciados sobre el polo norte y el polo sur. Decide qué enunciados son hechos y cuáles son opiniones. Luego, marca una X en la columna correcta.

	Hecho	Opinión
Las ballenas viven cerca de los dos polos.		
El polo norte y el polo sur están en extremos opuestos de la Tierra.		
Los pingüinos son los animales más interesantes.		
Es mejor estudiar el polo sur que el polo norte.		
El polo sur está en el continente de la Antártida.		

H-SS 4.1.3 Identifican la capital del estado y describen las regiones de California, incluso cómo sus características y ambientes físicos (agua, accidentes geográficos, vegetación, clima, por ejemplo) influyen en la actividad humana.

¿En qué se diferencian las regiones de California?

Vistazo previo
Vocabulario

región *(s.)* área grande donde los lugares tienen características semejantes

accidente geográfico *(s.)* característica natural de la superficie de la Tierra

capital *(s.)* ciudad donde se encuentra el gobierno central de un país o de un estado

costa *(s.)* zona junto al mar

desierto *(s.)* área que recibe menos de diez pulgadas de lluvia al año

Actividad de vocabulario Subraya la palabra del vocabulario de arriba que describe un área muy seca de la Tierra.

CONÉCTATE La canción del estado de California se llama "*I love you, California*". Algunos de sus versos son: "Amo tus fértiles valles, tus queridas montañas adoro... Amo tu gran océano y tu escarpada costa. Amo tus bosques de secoyas, amo tus campos de granos dorados...". ¿Qué es lo que tú amas de la bella tierra de California?

Lectura: Idea principal y detalles

Destreza de lectura

Recuerda que la *idea principal* dice de qué se trata en gran parte un párrafo. A menudo los escritores agregan una oración temática al comienzo o al final del párrafo. A medida que leas la sección "El océano y las montañas" en la página 13, subraya la idea principal y numera los detalles de apoyo.

Las diferentes áreas de California

El terreno de California es variado y se puede dividir en diferentes regiones. Una **región** es un área grande donde los lugares tienen características semejantes. Las cuatro regiones principales de California son la región costera, la región montañosa, la región del valle y la región del desierto. A medida que uno atraviesa las regiones de California, se ven muchos accidentes geográficos. Un **accidente geográfico** es una característica natural de la superficie de la Tierra, como una montaña o una colina. Los valles, cuyas tierras bajas y extensas están entre las colinas o montañas, son otro accidente geográfico.

En las regiones de California, también encontrarás diferentes climas. Debido a la variedad de climas, cada región tiene diferentes tipos de plantas y animales.

1. Idea principal y detalles

Completa el siguiente diagrama. Escribe los detalles de las regiones de California.

Idea principal

California tiene cuatro regiones principales.

región costera

Detalles

Detalles

Detalles

Detalles

Las regiones de California

Leyenda

- Región del desierto
- Región del valle
- Región montañosa
- Región costera
- ★ Capital del estado
- • Otra ciudad

SIERRA NEVADA

VALLE CENTRAL

Río Sacramento

Río San Joaquín

★ Sacramento

San Francisco

OCÉANO PACÍFICO

DESIERTO DE MOJAVE

• Los Ángeles

N

0   75   150 Millas
0   75   150 Kilómetros

Traza una línea alrededor de la región costera.

Algunas áreas de la costa de California, como Big Sur, son pedregosas.

La capital del estado de California se trasladó a Sacramento en 1854.

La capital de California

¿Has visitado Sacramento, la capital del estado de California? La **capital** es la ciudad donde se encuentra el gobierno central de un país o de un estado. La capital de un estado a menudo se encuentra cerca del centro del estado. Así es más fácil llegar a ella desde cualquier parte del estado. Sacramento está en el Valle Central, en la parte norte-central del estado.

El océano y las montañas

Las cuatro regiones de nuestro estado varían mucho en cuanto a sus accidentes geográficos. California tiene una **costa** muy larga; la costa es la zona junto al mar. Esta región costera se llama costa del Pacífico porque está junto al océano Pacífico. La costa del sur de California tiene muchas playas anchas y arenosas. Las cordilleras bordean gran parte de la costa del norte. Ahí también crecen altísimas secoyas. Cerca del extremo este del estado se encuentra la Sierra Nevada, una elevada cordillera cubierta de nieve.

2. Idea principal y detalles
¿Qué detalles del texto te ayudan a localizar Sacramento?

3. **¿En qué se diferencia la costa norte de la costa sur?**
Comparar y contrastar

Los valles y las tierras áridas

Algunas áreas de California son planas y bajas. La región del valle es un área de territorio plano que se extiende por muchas millas entre las Cadenas Costeras y la Sierra Nevada. Hay muchas granjas en el valle. En la parte sur del estado se encuentra el desierto de Mojave. Un **desierto** es una zona árida que recibe menos de diez pulgadas de lluvia al año. En el desierto de Mojave crecen muchos tipos de plantas, como arbustos de creosota y artemisa.

4. ¿En qué se diferencia la región del desierto de la región del valle?

Comparar y contrastar

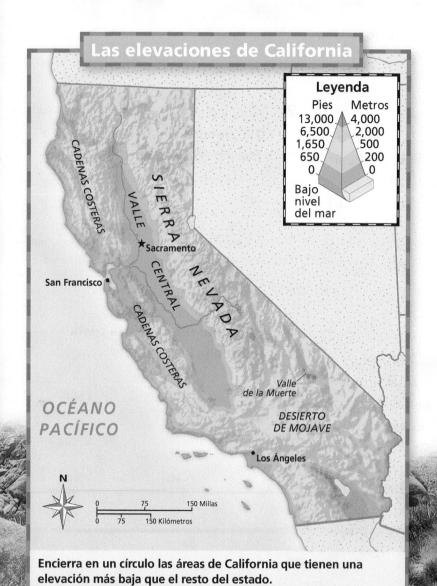

Las elevaciones de California

Leyenda

Pies	Metros
13,000	4,000
6,500	2,000
1,650	500
650	200
0	0

Bajo nivel del mar

CADENAS COSTERAS

SIERRA NEVADA

VALLE CENTRAL

★ Sacramento

San Francisco •

CADENAS COSTERAS

Valle de la Muerte

OCÉANO PACÍFICO

DESIERTO DE MOJAVE

• Los Ángeles

N

0   75   150 Millas
0   75   150 Kilómetros

Encierra en un círculo las áreas de California que tienen una elevación más baja que el resto del estado.

El Valle de la Muerte en el desierto de Mojave es el punto más bajo del hemisferio occidental.

Diferentes regiones e industrias

Cada una de las regiones de California tiene un ambiente diferente, que incluye clima, plantas y accidentes geográficos diferentes. Cada región tiene sus propias industrias, o negocios, que producen cosas o proporcionan servicios. Las personas que viven ahí tienen diferentes tipos de trabajos. Una industria que es importante en todo el estado es el turismo. El turismo es el negocio de proporcionar servicios a los visitantes. A muchos turistas les gusta visitar las playas de nuestro estado en la costa, los bosques de secoyas y las montañas. Otros disfrutan de los lugares de interés y actividades que hay en nuestras grandes ciudades.

5. **¿Cómo afecta el ambiente físico de una región a las personas que viven ahí?** *Causa y efecto*

Algunas de las variadas diversiones turísticas de California son zoológicos, museos, áreas naturales, sitios históricos y ciudades.

Industrias de la región costera y de la montañosa

La región costera del estado proporciona recursos para muchos tipos de trabajos. La industria pesquera abastece de pescado fresco a los supermercados y restaurantes. Muchos de los valiosos pozos petroleros del estado se encuentran a lo largo de la costa sur, desde Santa Bárbara hasta Long Beach. La bahía de San Francisco y la bahía de San Diego forman excelentes puertos naturales. Millones de toneladas de productos entran y salen de estos puertos y de otros puertos de California cada año.

Las industrias de la región montañosa dependen de sus bosques y minerales. Los árboles se usan en la industria maderera. La madera que se extrae sirve para hacer otros productos. El árbol más importante en la industria maderera del estado es el abeto Douglas. El lado occidental de la Sierra Nevada tiene minas de oro y otros recursos.

Industrias de la región del valle

La región del valle de California es una de las mejores áreas agrícolas del mundo. El suelo fértil y muchas otras características hacen que el valle sea apropiado para la agricultura. El Valle Central se divide en el valle de San Joaquín al sur y en el valle de Sacramento al norte. Estos valles también tienen ríos que sirven como fuente de agua para los campos. Entre las numerosas frutas y verduras que se cultivan en esta área se encuentran la uva, el tomate y la lechuga. La agricultura suministra cosechas para la industria de enlatado.

6. **¿En qué parte de California se podrían encontrar talleres que reparan barcos?** *Sacar conclusiones*

_____

_____

_____

Los girasoles son uno de los muchos cultivos del Valle Central de California.

7. **¿Por qué el Valle Central es una importante área agrícola?**
Causa y efecto

_____

_____

_____

El canal All-American, que se muestra aquí cerca de Holtville, lleva agua a las tierras de cultivo del valle Imperial.

Industrias de la región del desierto

La región del desierto es rica en recursos minerales, metales y otros materiales que se extraen del suelo. La arena, la grava y la piedra son sólo algunos de los varios minerales que se encuentran en la región del desierto. La extracción de esos minerales es una gran industria de esta región.

Una parte de la región del desierto, llamada el valle Imperial, tiene suelo fértil que recibe agua por el canal All–American. El canal lleva agua del río Colorado a las tierras de cultivo del valle Imperial. Suministra agua en cantidad suficiente para hacer productiva la tierra de este desierto.

8. ¿Por qué piensas que el canal All-American es importante para el valle Imperial?

Sacar conclusiones

Resumen

Las cuatro regiones de California tienen climas, industrias y accidentes geográficos propios. Describe la región donde vives.

Leyendas y escalas de los mapas

Aprende más La leyenda y la escala de los mapas son útiles para leer mapas. Una leyenda explica los símbolos de un mapa. Los símbolos son las líneas, los colores y los dibujitos que representan algo. La escala de un mapa indica lo que una pequeña distancia específica equivale en millas y kilómetros. Para encontrar las distancias en un mapa, toma una hoja de papel y alinea el borde del papel de una ciudad a otra. Haz marcas en el borde del papel donde estén las ubicaciones de las dos ciudades. Ahora coloca el papel junto a la escala del mapa. Eso te indicará aproximadamente la distancia que hay entre las ciudades.

Inténtalo

Usa el mapa para planear un viaje familiar de Los Ángeles a Sacramento.

1. ¿Cuántas millas recorrerías en tu viaje? *Aplicar*

_____

2. Si tu familia prometiera pasar a recoger en el camino a un pariente en Bakersfield, ¿qué carreteras tomarían? *Aplicar*

_____

3. ¿Qué símbolo te indica que Sacramento es la capital del estado? *Identificar*

_____

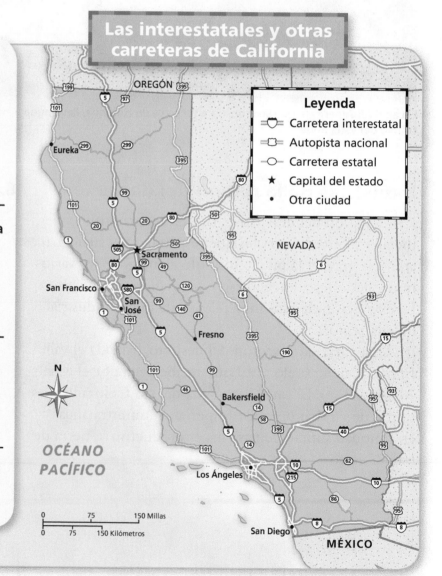

Las interestatales y otras carreteras de California

Leyenda
- Carretera interestatal
- Autopista nacional
- Carretera estatal
- ★ Capital del estado
- • Otra ciudad

Nombre:

H-SS 4.1.4 Identifican la ubicación del océano Pacífico, de los ríos, valles y pasos de montaña y explican sus efectos en el crecimiento de los poblados.

¿Qué influencia han tenido los accidentes geográficos y el agua de California en su asentamiento?

CONÉCTATE Si quisieras vivir en otro lugar, ¿qué buscarías en ese nuevo sitio? Cuando los primeros pobladores llegaron hace cientos de años a lo que ahora es California, por lo general decidían dónde vivir basándose en varias cosas diferentes. ¿Qué los ayudaba a decidir dónde vivir?

Vistazo previo
Vocabulario

frontera *(s.)* línea oficial que separa un lugar de otro

asentarse *(v.)* mudarse y fundar un nuevo lugar para vivir

paso de montaña *(s.)* espacio estrecho en una cordillera

recurso natural *(s.)* material útil que proviene de la tierra

Actividad de vocabulario Encierra en un círculo la palabra del vocabulario de arriba que es un accidente geográfico.

Lectura: Causa y efecto

Buscar relaciones de *causa* y *efecto* nos ayuda a ver cómo se relacionan los sucesos. Una causa es lo que hace que algo ocurra. Un efecto es lo que pasa como resultado de una causa. A medida que leas la lección, subraya palabras que indican causa y efecto como *porque* y *por eso*.

▷

19

CALIFORNIA   EUROPA

El océano Pacífico

Muchas personas que han venido a esta área han querido estar cerca de los océanos o ríos para poder viajar. El océano Pacífico conforma toda la frontera occidental de California. Una **frontera** es una línea oficial que separa un lugar de otro. En el pasado, la gente usaba el océano como si fuera una carretera. Navegaban por la costa buscando lugares para asentarse. **Asentarse** significa mudarse y fundar un nuevo lugar para vivir. Los primeros asentamientos europeos, o pueblos, en California se formaron a lo largo de la costa del Pacífico.

A través de las montañas

Algunos de los primeros exploradores llegaron a California directamente por mar, pero en el siglo XVIII ya llegaban por tierra. Colonos de México viajaron hacia el norte a California. En el siglo XIX, los colonos venían del este por caminos difíciles. Tenían que hallar pasos de montaña para atravesar la Sierra Nevada. Un **paso de montaña** es un espacio estrecho en una cordillera. A veces estos pasos de montaña recibían el nombre de personas que los atravesaban. El paso Beckwourth fue nombrado así en honor a James Beckwourth, un guía que ayudaba a la gente a cruzar la Sierra Nevada. El paso Donner se llama así en honor a Jacob Donner, el líder del grupo Donner que viajó a través de este paso.

1. **¿Cómo influyó el océano Pacífico en el asentamiento de California?** *Causa y efecto*

2. Idea principal y detalles
   En el texto, encierra en un círculo los nombres de dos pasos de montaña que los colonos usaban para llegar a California.

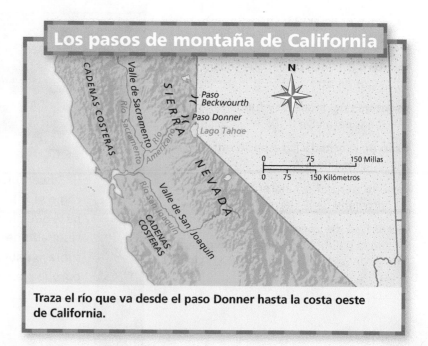

Los pasos de montaña de California

Traza el río que va desde el paso Donner hasta la costa oeste de California.

La gente comenzó a cultivar naranjas en el Valle Central de California en el siglo XIX.

La población crece

Los recursos también eran muy importantes para los colonos. Los **recursos naturales** son materiales útiles que provienen de la tierra, como los alimentos, el agua o materiales para construir un refugio. Los climas y accidentes geográficos de California son variados y la gente se estableció en diferentes zonas del estado. Muchos lograron cruzar las montañas y llegar a los valles extensos y planos de Sacramento y San Joaquín, que son parte de la región del valle. Estos valles tienen suelo fértil y reciben agua de los ríos Americano, Sacramento y San Joaquín. Muchos se han quedado en esta región porque tiene buenas condiciones para la agricultura.

Los recursos también influyeron en la forma en que otros grupos se asentaron en otras regiones. Con todos los recursos del océano Pacífico, algunas partes de la costa de California se poblaron densamente. Las principales ciudades, como San Francisco y Los Ángeles, se convirtieron en activos puertos comerciales o lugares donde los barcos cargaban y descargaban productos. Las regiones con climas extremos están menos pobladas. Por eso hay menos comunidades en las montañas que en la costa. Viven aún menos personas en el caluroso y seco desierto de Mojave.

3. ¿Cuál fue la causa de que la gente decidiera asentarse en los valles de Sacramento y San Joaquín en vez de establecerse en otro lado?

Causa y efecto

Resumen

Hay varias razones por las que la gente ha decidido asentarse en ciertos lugares de California. Menciona tres de estas razones y luego elige la que creas que habría sido la más importante para los colonos. Explica tu respuesta.

Fotografías

Aprende más Una manera de conocer el pasado es mirar fotografías. Las fotografías son una fuente primaria porque fueron tomadas en el momento en que sucedió algo.

Mira las dos fotografías que aparecen abajo. La primera muestra familias que viajan con rumbo al oeste en carretas en el siglo XIX. La segunda fotografía muestra una familia moderna preparándose para viajar.

Después de mirar estas fotografías, contesta las siguientes preguntas.

1. En la primera fotografía, encierra en un círculo dos cosas que probablemente no verías en una carretera hoy en día. En la segunda fotografía, encierra en un círculo dos cosas que la gente no tenía en el siglo XIX. *Identificar*

2. ¿Cuál crees que es la mayor diferencia entre viajar a California en el siglo XIX y en la actualidad? *Analizar*

_____

_____

🐻 **H-SS 4.1.5** Usan mapas, tablas y fotografías para describir las variaciones que hay entre las comunidades de California en cuanto al uso de la tierra, la vegetación, la fauna, el clima, la densidad demográfica, la arquitectura, los servicios y el transporte.

¿En qué se parecen y en qué se diferencian las comunidades de California?

CONÉCTATE Ya sabes cómo las regiones de nuestro estado son diferentes. Las comunidades de estas regiones tienen muchas semejanzas y diferencias. ¿Cómo le describirías tu comunidad a un amigo que vive en otra parte del estado?

Vistazo previo
Vocabulario

zona urbana *(s.)* área donde está una ciudad

zona suburbana *(s.)* área cerca de una ciudad

zona rural *(s.)* área donde hay pueblos pequeños o granjas

agricultura *(s.)* cultivo de la tierra y crianza de animales

arquitectura *(s.)* estilo y diseño de un edificio

transporte *(s.)* traslado de cosas, personas o animales de un lugar a otro

densidad demográfica *(s.)* número promedio de personas que viven en una unidad específica de área

Actividad de vocabulario Encierra en un círculo las tres palabras del vocabulario de arriba que describen las áreas donde puede vivir la gente.

Lectura: Comparar y contrastar

Al *comparar* dos o más cosas, buscas semejanzas. Si las *contrastas*, buscas sus diferencias. A medida que leas la última sección de la página 27, encierra en un círculo las oraciones que indican en qué se diferencia la arquitectura de las comunidades de California.

Las comunidades de California

La mayoría de los habitantes de California viven en uno de tres tipos de comunidades. Muchos californianos viven en comunidades urbanas, como Los Ángeles y San Francisco. Una **zona urbana** es el área donde está una ciudad. Las comunidades suburbanas como Pasadena y Daly City, rodean las ciudades. Una **zona suburbana** es un área que está cerca de una ciudad. Pero no todos en California viven en una ciudad o en un lugar cercano a una ciudad. Algunas personas viven en comunidades rurales. Una **zona rural** es un área donde hay pueblos pequeños o granjas. Los valles de Sacramento y San Joaquín tienen muchas comunidades rurales.

1. **¿En qué se parecen y en qué se diferencian las comunidades urbanas, suburbanas y rurales?**

Comparar y contrastar

Zona rural

Zona urbana

Zona suburbana

Ambientes diferentes

La actividad principal de muchas comunidades rurales de California es la **agricultura,** que es el cultivo de la tierra y la crianza de animales. Modesto empezó como un pequeño pueblo agrícola del valle de San Joaquín en 1870, pero ha crecido desde entonces. En las montañas cercanas al lago Tahoe, a veces se talan árboles para obtener madera, que se usa para hacer otros productos. Si vas al norte de California, encontrarás Eureka, una pequeña ciudad cercana a los bosques y al mar. Debido a su ubicación, las actividades económicas principales de Eureka son la tala y la pesca.

Una comunidad como Blythe, ubicada en la región del desierto, tiene una vegetación natural diferente a la de otras áreas de California. Las plantas que crecen ahí, como los cactus, están adaptadas a condiciones de calor y poca agua. Los coyotes y las lagartijas son parte de la fauna o animales propios del desierto.

En las alturas de la Sierra Nevada es posible encontrar pueblos entre árboles enormes, como secoyas y abetos Douglas. Muchos animales, como osos, venados y pumas, viven en las montañas.

2. ¿En qué se diferencian los animales y la vegetación que hay cerca de Blythe de los que hay cerca de Eureka?

Comparar y contrastar

La vegetación en el desierto necesita poca agua para crecer.

Los recursos de California

N

OREGÓN · IDAHO

Eureka

NEVADA · UTAH

San Francisco · Modesto

OCÉANO PACÍFICO

ARIZONA

0   100   200 Millas
0   100 200 Kilómetros

Blythe

MÉXICO

Leyenda
- Almendras
- Ganado vacuno
- Pesca
- Uvas
- Naranjas
- Ovejas
- Madera

Encierra en un círculo un pueblo en una región del desierto.

Los climas de California

California tiene muchos y diferentes accidentes geográficos y climas. En la costa sur, los veranos son calurosos y soleados, y los inviernos son templados. En la costa norte los veranos e inviernos son más fríos. Las áreas cercanas a los valles de San Joaquín y Sacramento suelen tener veranos calurosos y secos e inviernos fríos y húmedos. En la región montañosa, los veranos son templados y llueve durante el invierno. Más arriba, en las montañas, hay mucha nieve.

El desierto tiene días calurosos y muy secos durante todo el año, pero por lo general las noches son frías. En invierno, la temperatura nocturna del desierto puede llegar a los 0 °F. ¿Sabías tú que las temperaturas más altas que se han registrado en los Estados Unidos son las del Valle de la Muerte, en California? ¡Un día de 1913 la temperatura alcanzó los 134 °F (57 °C)!

La diversión en California

Hay mucho que ver y hacer en California. Puedes visitar museos, zoológicos y parques de diversiones. Puedes ir a acampar, salir de excursión, montar a caballo, o pasear en bicicleta en uno de nuestros muchos parques locales, estatales o nacionales.

3. Describe el clima de la región montañosa.

Idea principal y detalles

4. ¿Por qué hay tantos tipos de actividades recreativas en California? *Sacar conclusiones*

La gente se divierte acampando en la región montañosa de California.

Muchas personas pescan y nadan en nuestros lagos y ríos, o en nuestra larga costa. El Parque Nacional Yosemite es un lugar popular entre los visitantes. Ahí, se pueden ver secoyas gigantes. En el desierto de Mojave, muchas personas visitan el Parque Nacional Joshua Tree. El árbol de Josué *(Joshua Tree)* en realidad no es un árbol, sino una planta que puede alcanzar cuarenta pies de altura y vivir hasta cientos de años.

Vivir en comunidades

A veces, las comunidades de diferentes partes del estado tienen diferentes tipos de arquitectura. La **arquitectura** es el estilo y diseño de un edificio. Muchos edificios de Santa Bárbara tienen techos de tejas rojas y paredes de adobe, que es barro seco y pesado. Están construidos en un estilo arquitectónico español porque los colonos de España desempeñaron un importante papel en la temprana historia de Santa Bárbara.

Algunas de las ciudades más grandes, como San Francisco, Los Ángeles y San Diego, tienen centros con altos rascacielos de vidrio y acero y grandes sistemas de autopistas. San Francisco fue construida sobre empinadas colinas y tiene sistemas de transporte diseñados para llevar a la gente por toda el área urbana y suburbana. **Transporte** es el traslado de cosas, personas o animales de un lugar a otro. Un medio de transporte en San Francisco es el tranvía. Los tranvías, los carros y los autobuses llevan a las personas cuesta arriba y cuesta abajo a través de la ciudad. Los sistemas de trenes pueden correr sobre la superficie o pueden ser subterráneos. Los transbordadores y los puentes permiten atravesar la bahía de San Francisco para llegar a áreas urbanas y suburbanas cercanas.

5. Subraya los diferentes modos de transporte en las comunidades de California. *Comparar y contrastar*

Estos edificios en Santa Bárbara muestran el estilo español de arquitectura.

Resumen

La misma variedad que hay en la geografía de California existe en las diferentes comunidades del estado. Explica en qué se diferencian las comunidades.

Mapas de densidad demográfica

Aprende más La **densidad demográfica** es el número promedio de personas que viven en una unidad específica de área. Por lo general, se mide en número de habitantes por milla cuadrada. Según el Departamento del Censo de EE.UU., California tenía una densidad demográfica de 217 personas por milla cuadrada en 2000. El resto de los Estados Unidos tenía un promedio de solamente 79 personas por milla cuadrada. Eso no significa que cada milla cuadrada de California tuviera 217 personas. El condado de Los Ángeles tenía un promedio de 2,344 personas por cada milla cuadrada. Un condado menos poblado, como el condado de Glenn, tenía un promedio de 20 personas por milla cuadrada. De hecho, algunos condados de la región del desierto tienen una densidad demográfica de menos de 5 personas por milla cuadrada.

Inténtalo

Estudia el mapa y luego contesta las siguientes preguntas.

1. Encierra en un círculo las áreas de California que están más densamente pobladas. ¿Cuántas personas por milla cuadrada hay en esas áreas? *Identificar*

_____

2. Con palabras de dirección, menciona las áreas de California que tienen el menor número de personas por milla cuadrada. *Aplicar*

_____

_____

Densidad demográfica por condado

Eureka

Sacramento

San Francisco

Santa Bárbara

Los Ángeles

San Diego

Leyenda

Personas por milla cuadrada	Personas por kilómetro cuadrado
Más de 2,000	Más de 800
500 a 2,000	200 a 800
100 a 500	40 a 200
Menos de 100	Menos de 40

Diario de estudio

En esta unidad aprenderás cómo la llegada de los españoles cambió las vidas de los indígenas de California. También aprenderás cómo la vida en California cambió cuando México se apoderó del área. Completa las actividades en estas páginas a medida que leas la unidad.

Lo que sé sobre...

la gente que vivió en esta región hace cientos de años:

_____

¿Cómo influyeron los europeos en la vida de California?

Escribe qué hicieron los españoles y mexicanos en relación con cada uno de los temas siguientes. Luego, escribe el efecto que sus acciones tuvieron en California y en los indígenas californianos.

Exploraciones	Misiones	Ranchos
Efecto	Efecto	Efecto

Si te pidieran que viajaras con uno de los siguientes personajes, ¿a quién elegirías? Encierra en un círculo su nombre. En las líneas de la derecha, describe lo que podrías ver en tu viaje.

- James Cook
- Vitus Bering
- Juan Rodríguez Cabrillo
- Juan Crespi
- Junípero Serra
- Gaspar de Portolá
- Francis Drake
- José Figueroa
- Padre Hidalgo
- Juan Bautista de Anza

Completa la información que falta en la siguiente línea cronológica.

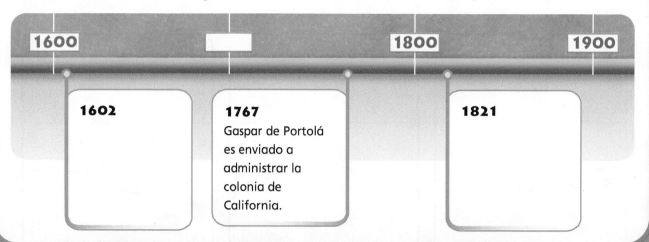

| 1600 | | 1800 | 1900 |

| 1602 | 1767 Gaspar de Portolá es enviado a administrar la colonia de California. | 1821 |

He aprendido...

H-SS 4.2.1 Hablan de las principales naciones de indígenas californianas, incluso su distribución geográfica, actividades económicas, leyendas y creencias religiosas, y describen cómo dependían de su ambiente físico, cómo se adaptaron a él y lo modificaron para cultivar la tierra y utilizar los recursos del mar.

¿Cómo vivían los primeros habitantes de California?

IMAGINA LA ESCENA Hace quinientos años no había ningún europeo en la región que hoy conocemos como California. La habitaban tribus indígenas que vivían en varios grupos por toda la zona. ¿Cómo era la vida en California en esa época?

Vistazo previo
Vocabulario

comerciar *(v.)* intercambiar bienes y servicios

tradición *(s.)* manera especial en que un grupo de personas hace algo, que es parte de su modo de vida

costumbre *(s.)* manera en que un grupo de personas hace algo

creencia *(s.)* algo que se considera verdadero o real

religión *(s.)* creencia en o adoración de uno o más dioses

leyenda *(s.)* relato antiguo y muy conocido

Actividad de vocabulario Un *antónimo* es una palabra que significa lo opuesto de otra palabra. Encierra en un círculo la palabra del vocabulario de arriba que es un antónimo de *guardar*.

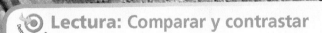

Lectura: Comparar y contrastar

Cuando *comparas* dos o más cosas, buscas sus semejanzas. Cuando *contrastas* cosas, buscas sus diferencias. A medida que leas la página 32, encierra en un círculo los detalles que describen en qué se parecían los cahuillas, los chumash, los miwoks y los hupas.

Los grupos indígenas de California

Muchos grupos indígenas americanos han vivido y todavía viven en lo que hoy es California. Muchos arqueólogos han llegado a conocer la historia de los indígenas californianos mediante el estudio de artefactos, es decir, objetos que las personas fabricaron hace mucho tiempo. Los arqueólogos son científicos que estudian cómo vivía la gente en el pasado.

Los arqueólogos han descubierto que la mayoría de los grupos indígenas de California usaban los recursos naturales de la región para sobrevivir. Por ejemplo, muchos de ellos tejían cestas y esteras con hierbas, raíces y arbustos. Usaban árboles para construir viviendas y botes. Fabricaban herramientas con huesos de animales. Cuando el grupo producía más cosas de las que necesitaban, muchas veces las intercambiaban con otros grupos. **Comerciar** es intercambiar bienes y servicios. El comercio permitió que los grupos indígenas de California usaran varios tipos de herramientas y alimentos.

1. Comparar y contrastar

Escribe una manera en que se parecían los grupos indígenas de California.

_____

_____

_____

_____

Cuatro grupos indígenas de California

Leyenda
- Cahuillas
- Miwoks
- Hupas
- Chumash
- — Frontera internacional actual
- — Límite estatal actual
- • Ciudad actual

OREGÓN · IDAHO · WYOMING · NEVADA · UTAH · COLORADO · SIERRA NEVADA · San Francisco · OCÉANO PACÍFICO · DESIERTO DE MOJAVE · ARIZONA · NUEVO MÉXICO · Santa Bárbara · Los Ángeles · MÉXICO

N

0 — 100 — 200 Millas
0 — 100 — 200 Kilómetros

Encierra en un círculo el área donde vivían los chumash.

Los cahuillas y los chumash

Los cahuillas vivían cerca de lo que hoy llamamos el desierto de Mojave. Cazaban antílopes y animales pequeños. Vivían en un tipo de casa de caña llamada *kish*. Las mujeres cahuillas tenían la tradición de tejer cestas. Una **tradición** es una manera especial en que un grupo de personas hace algo que es parte de su modo de vida. Las cestas se usaban para guardar agua y comida. Los hombres cahuillas también tenían la tradición de cantar lo que hoy se conocen como "canciones de pájaros". Estas canciones contaban historias sobre los cahuillas.

La mayoría de los chumash vivían en la parte central del sur de la costa californiana del Pacífico, cerca de lo que ahora son las ciudades de Santa Bárbara y Los Ángeles. Comían pescado, mariscos, ballenas, aves marinas y bellotas. También cazaban venados y animales pequeños. El inmenso respeto que tenían por las grandes y poderosas aves llamadas cóndores era una de las tradiciones chumash. Las casas de los chumash tenían forma de cúpula y las cubrían con hierba entretejida. Como vivían cerca del mar, fabricaban herramientas con huesos de ballena y usaban conchas marinas como moneda para comerciar.

2. Comparar y contrastar
Menciona una de las diferencias entre los cahuillas y los chumash.

Para hacer instrumentos, como esta sonaja, los chumash utilizaban mucho los recursos naturales.

Cesta chumash

Los miwoks y los hupas

La mayoría de los miwoks vivían cerca de la Sierra Nevada. En el invierno vivían en casas cubiertas de tierra, parte de las cuales quedaba enterrada en el suelo para conservar el calor. En el verano vivían en casas hechas de cortezas de árboles que construían sobre el suelo para que se mantuvieran frescas. Algunos miwoks vivían a lo largo de la costa del Pacífico, cerca de lo que hoy es San Francisco. Pescaban y cazaban venados. Tenían la costumbre de moler bellotas en los huecos de bloques de piedra, llamados metates, para hacer harina. Una **costumbre** es la manera en que un grupo de personas hace algo.

Los hupas vivían en las Cadenas Costeras del norte de California, cerca del límite actual con el estado de Oregón. Cazaban alces y venados, y pescaban salmón, trucha y esturión. Las bellotas eran otra importante fuente de alimento. Una costumbre hupa era construir casas rectangulares con tablones de madera de cedro. Las casas medían aproximadamente veinte pies de largo. La mitad inferior quedaba enterrada en el suelo.

3. Comparar y contrastar

¿En qué se diferenciaban las casas construidas por los miwoks de las de los hupas?

_____

_____

_____

Una evidencia de que los hupa cazaban animales se puede ver en esta cuchara hecha de un cuerno.

Las ceremonias de los miwoks aún se celebran en la actualidad.

Ceremonias y relatos

Miles de indígenas californianos viven en nuestro estado hoy en día. Muchos de ellos todavía conservan las **creencias** de su gente, es decir, las ideas que consideran verdaderas o reales. Algunas de estas creencias han formado parte de su **religión,** lo cual es un sistema de fe y de culto, durante cientos de años. Muchos chumash creían que había tres mundos. Según esta creencia un águila vive en el mundo superior, los seres humanos viven en el mundo intermedio y dos serpientes viven en el mundo inferior y sostienen el mundo intermedio.

Las ceremonias han tenido un papel importante en muchas de las creencias de los indígenas californianos. Los hupas celebraban ceremonias para prevenir terremotos e inundaciones o que las cosechas se arruinaran. En algunas ceremonias miwoks, la gente todavía baila con vestimentas hechas de plumas y pieles.

Los indígenas californianos a menudo transmiten sus tradiciones y creencias por medio de **leyendas,** que son relatos antiguos y muy conocidos. Un mito es un relato que explica algo. Un mito cahuilla dice que el mundo fue creado por dos hermanos gemelos.

4. Escribe el nombre del grupo indígena californiano que corresponde a cada creencia o costumbre. *Idea principal y detalles*

a. Celebraban ceremonias para prevenir terremotos.

b. Creían que había tres mundos.

c. Bailan con vestimentas hechas de plumas y pieles.

d. A ellos pertenece el mito de los dos hermanos gemelos.

Resumen

Los grupos indígenas de California tienen muchas costumbres, tradiciones y creencias. ¿Qué relación tenía la vida de estos grupos con la tierra y los recursos de la región?

Matrices

Aprende más Una matriz es un tipo de tabla. Es una manera de mostrar y comparar información. La matriz agrupa la información bajo encabezados que se encuentran en la fila superior de la tabla, pero también la agrupa de otra manera a lo largo de la columna izquierda.

La siguiente matriz contiene datos de cuatro grupos indígenas de California. Lee los encabezados de la fila superior y de la columna izquierda. Para hallar infomación sobre un grupo, busca el nombre del grupo en la fila superior. Luego, desliza el dedo por esa columna y podrás leer sobre su región, sus alimentos, sus casas y sus costumbres.

	Chumash	Cahuillas	Miwoks	Hupas
Región	parte central de la costa	cerca del desierto de Mojave	cerca de la Sierra Nevada	en las Cadenas Costeras del norte
Alimentos	venados, pescado, ballenas, aves marinas	antílopes y animales pequeños	venados, pescado, bellotas	venados, pescado, bellotas
Casas	en forma de cúpula, cubiertas con hierba tejida		en invierno, parte de ellas estaba enterrada en el suelo; en verano, casas de cortezas de árboles	hechas de tablas de cedro
Costumbres y tradiciones	usaban conchas marinas para comerciar	los hombres cantaban canciones hoy llamadas "canciones de pájaros"	bailan con vestuarios hechos de pieles de animales	tejían cestas

Inténtalo

1. Completa la matriz con la información que falta sobre las casas de los cahuillas. *Identificar*

2. Subraya el área en la que vivían los indígenas chumash. *Identificar*

3. Dibuja una estrella junto a los nombres de los grupos que comían los mismos alimentos. *Analizar*

4. Menciona una de las diferencias que hay entre los hupas y los chumash. *Interpretar*

_____

_____

Nombre:

H-SS 4.2.2 Identifican las primeras rutas terrestres y marinas y los asentamientos europeos en California, concentrándose en la exploración de la costa norte del Pacífico (las expediciones del capitán James Cook, Vitus Bering, Juan Rodríguez Cabrillo, por ejemplo), resaltando la importancia de las montañas, los desiertos, las corrientes marítimas y los vientos.

¿Cómo llegaron los primeros europeos a California?

IMAGINA LA ESCENA Cuando la gente llega a un sitio que no ha visto nunca, generalmente mira a su alrededor para conocerlo. En el siglo XVI, los países europeos querían conocer tierras nuevas. ¿Quiénes fueron los primeros europeos en llegar a la tierra que hoy conocemos como California?

Vistazo previo
Vocabulario

explorar *(v.)* viajar a otros lugares para conocerlos mejor

corriente *(s.)* movimiento del flujo del agua

Actividad de vocabulario Si el sufijo *-dor* puede significar "que hace algo", ¿qué significa *explorador*?

Personajes

Juan Rodríguez Cabrillo
Francis Drake
Vitus Bering
James Cook

Lectura: Secuencia

Los escritores organizan información en una *secuencia*, o cierto orden. A veces usan fechas para indicar una secuencia. A medida que leas la página 38, subraya las fechas específicas que encuentres.

RUSIA
Estrecho
de Bering

Bahía de
San Diego

1542 Juan Rodríguez Cabrillo llega a la bahía de San Diego.

1602 Sebastián Vizcaíno llega a la bahía de Monterey.

1579 Sir Francis Drake explora la costa de California.

Los europeos llegan a California

En el siglo XVI, los países europeos comenzaron a enviar exploradores a través del océano Atlántico a América del Sur y del Norte. **Explorar** significa viajar a otros lugares para conocerlos mejor. En 1542, el explorador español Juan Rodríguez Cabrillo navegó hacia el norte desde lo que hoy es México para buscar una ruta a Asia. Exploró lo que hoy son San Diego, el cabo San Martín y San Miguel. Con él viajaban marineros, soldados y esclavos africanos. Los españoles le pusieron a esta región el nombre de Alta California. A veces sólo la llamaban California.

Después de Rodríguez Cabrillo vinieron muchos exploradores. En 1579 el explorador inglés Sir Francis Drake navegó hacia el norte por la costa de California. Encontró una pequeña bahía cerca de lo que hoy es San Francisco y le puso a la región el nombre de Nova (Nueva) Albión. Albión era el nombre con el que antiguamente se conocía la isla de Inglaterra. En 1602 el explorador español Sebastián Vizcaíno exploró la zona que se extiende desde lo que hoy es San Diego hasta lo que hoy es Monterey. Los mapas que trazó de la costa fueron utilizados por otros exploradores hasta finales del siglo XVIII.

Algunos exploradores vinieron a esta región desde otra dirección. Vitus Bering viajó hacia el noreste desde Rusia a través del océano Pacífico. En 1728 encontró una ruta acuática entre Rusia y lo que hoy es Alaska. Esta ruta luego recibió el nombre de estrecho de Bering. A finales del siglo XVIII y comienzos del siglo XIX los comerciantes rusos utilizaron la ruta de Bering y llegaron a California por el norte.

1. **Usa la información de la línea cronológica y del texto para organizar los nombres de los exploradores en el orden en que exploraron California.** *Secuencia*

_____ Francis Drake

_____ Juan Rodríguez Cabrillo

_____ Sebastián Vizcaíno

Viajes a California

Leyenda
— Frontera internacional actual
— Límite estatal actual
• Ciudad actual

Bahía de San Francisco •San Francisco

CALIFORNIA

Bahía de Monterey

•San Miguel

Cabo San Martín

OCÉANO PACÍFICO

N

San Diego •

MÉXICO

0   75   150 Millas
0   75   150 Kilómetros

Dibuja en el mapa una flecha que indique la dirección en que viajó Rodríguez Cabrillo.

1778

El capitán James Cook aparece aquí hablando con un grupo de indígenas americanos. Él exploró la costa del Noroeste del Pacífico en 1778.

Los retos de la exploración

La costa de California no fue fácil de explorar. Los marineros tenían que enfrentar fuertes vientos y corrientes marinas que desviaban a los barcos de su ruta. La **corriente** es el movimiento del flujo del agua. Además, la costa rocosa hacía que fuera difícil encontrar un lugar seguro para anclar el barco.

Cuando los exploradores llegaban a tierra firme, se les hacía difícil continuar a causa de las Cadenas Costeras. Después de pasar muchos meses en el mar, la mayoría de los exploradores no querían atravesar las montañas.

Los exploradores descubrieron que en las regiones de California había climas diferentes. La región que quedaba al oeste de las Cadenas Costeras es templada y nebulosa. Si cruzaban las montañas, se encontraban en un desierto.

2. Encierra en un círculo los detalles en el texto que describen por qué California fue un lugar difícil de explorar. *Idea principal y detalles*

Resumen

La exploración de California fue difícil, pero los europeos seguían llegando a la zona para conocerla mejor. ¿Cuáles fueron los desafíos principales que las personas que exploraron California enfrentaron?

James Cook (1728–1779)

Aprende más James Cook creció en Gran Bretaña dónde se distinguió como un estudiante inteligente y curioso. Cuando era joven se hizo aprendiz de un naviero y del dueño de una tienda. Un aprendiz es alguien que aprende una destreza u oficio de otra persona. Durante esos años Cook se interesó en el mar.

Cook llegó a ser un conocido marinero, explorador y cartógrafo. Luego ingresó a la Armada Real de Gran Bretaña. Cook elaboró el mapa de las costas de Nueva Zelanda y de Australia oriental mientras navegaba a bordo de un barco llamado *Endeavour*. Luego exploró los mares alrededor del continente de la Antártida en el barco *Resolution*. Su último viaje lo hizo en este mismo barco. Buscó el Paso del Noroeste, una ruta que conecta los océanos Atlántico y Pacífico. Nunca la encontró, pero sus viajes lo llevaron a explorar la costa oeste de América del Norte desde el norte de California hasta el estrecho de Bering.

1. Subraya la oración que describe algo que Cook hizo como explorador. Encierra en un círculo la oración que describe algo que hizo como cartógrafo. *Identificar*

2. ¿Por qué crees que un marinero podía ser además un buen cartógrafo? *Analizar*

_____

_____

_____

_____

_____

Nombre:

🐻 **H-SS 4.2.3** Describen la exploración y colonización española de California, incluso las relaciones entre los soldados, los misioneros y los indígenas (como Juan Crespi, Junípero Serra, Gaspar de Portolá).

¿Cómo cambiaron los españoles el modo en que vivían los indígenas de California?

IMAGINA LA ESCENA En el siglo XVIII más europeos llegaron a explorar y colonizar California. En esta época ya vivían en la región cientos de miles de indígenas. ¿De qué manera afectó la colonización española la forma en que vivían los indígenas californianos?

Vistazo previo

Vocabulario

colonia *(s.)* asentamiento de personas que van de un país a vivir en otro

expedición *(s.)* viaje que se realiza con un determinado propósito

misionero *(s.)* persona que enseña su religión a personas que tienen creencias diferentes

misión *(s.)* asentamiento establecido por un grupo religioso para enseñarles su religión y otros modos de vida a los indígenas

catolicismo *(s.)* religión de la Iglesia Católica

Actividad de vocabulario ¿Cuál de las palabras del vocabulario de arriba también forma parte de otra de las palabras de la lista? Traza una raya que las conecte.

Personajes

Gaspar de Portolá   Juan Crespi
Juan Bautista de Anza   Junípero Serra

🔵 **Lectura: Comparar y contrastar**

Cuando *comparas* dos o más cosas, buscas semejanzas. Cuando *contrastas*, buscas diferencias. A medida que leas sobre los diferentes grupos de personas que llegaron a California, subraya las razones por las que vinieron.

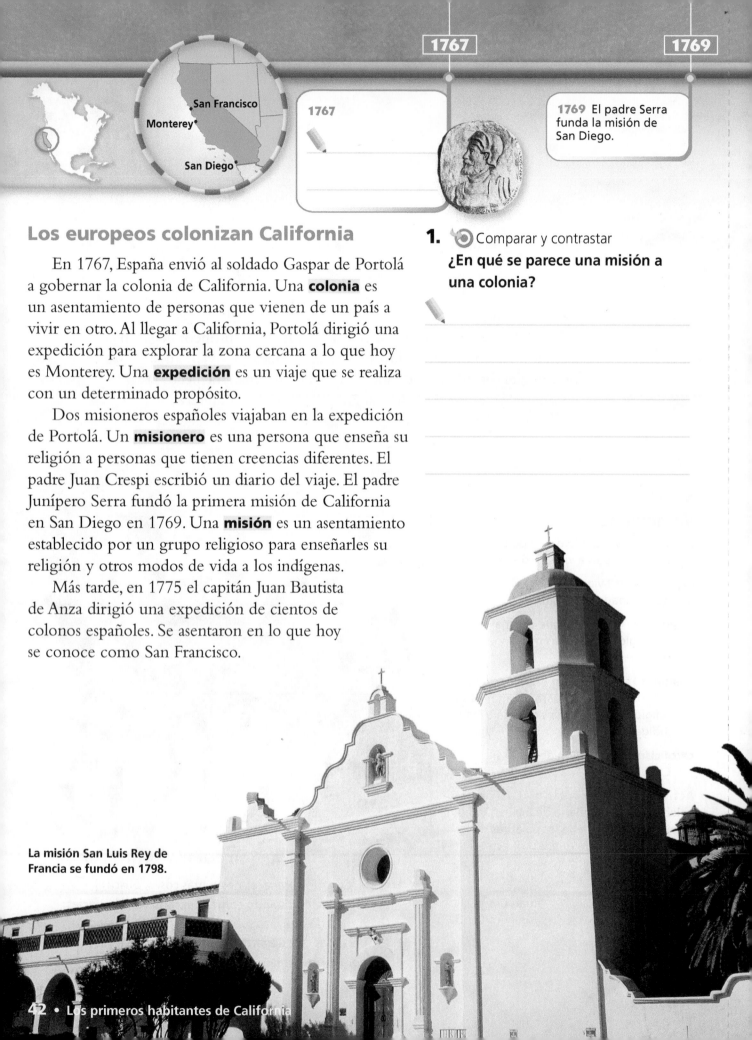

San Francisco
Monterey·
San Diego·

1769 El padre Serra
funda la misión de
San Diego.

Los europeos colonizan California

En 1767, España envió al soldado Gaspar de Portolá
a gobernar la colonia de California. Una **colonia** es
un asentamiento de personas que vienen de un país a
vivir en otro. Al llegar a California, Portolá dirigió una
expedición para explorar la zona cercana a lo que hoy
es Monterey. Una **expedición** es un viaje que se realiza
con un determinado propósito.

Dos misioneros españoles viajaban en la expedición
de Portolá. Un **misionero** es una persona que enseña su
religión a personas que tienen creencias diferentes. El
padre Juan Crespi escribió un diario del viaje. El padre
Junípero Serra fundó la primera misión de California
en San Diego en 1769. Una **misión** es un asentamiento
establecido por un grupo religioso para enseñarles su
religión y otros modos de vida a los indígenas.

Más tarde, en 1775 el capitán Juan Bautista
de Anza dirigió una expedición de cientos de
colonos españoles. Se asentaron en lo que hoy
se conoce como San Francisco.

1. Comparar y contrastar
**¿En qué se parece una misión a
una colonia?**

La misión San Luis Rey de
Francia se fundó en 1798.

1775 Los indígenas de California destruyen la misión de San Diego.

Los indígenas de California aprendieron nuevas destrezas en las misiones. Esta ilustración muestra a mujeres y niños haciendo cuerdas.

Problemas en las misiones

Los misioneros querían que los indígenas de California fueran a las misiones. Les daban regalos como cuentas, ropa y comida para que vivieran en las misiones. Allí aprendían a trabajar la tierra y a fabricar cosas.

Sin embargo, en cuanto llegaban a las misiones, algunos de los indígenas de California no tenían la libertad de irse. Los obligaban a renunciar a su modo de vida y a trabajar duro. También tenían que aprender español y practicar el **catolicismo,** la religión de la Iglesia Católica. Las enfermedades que los europeos trajeron, como el sarampión y la viruela, mataron a muchos de ellos.

Unos cuantos indígenas de California lucharon contra el sistema de la misión. Parte de esta resistencia fue violenta. Por ejemplo, en 1775 los indígenas destruyeron la misión de San Diego. Otros jamás pertenecieron a ninguna misión, sino que decidieron quedarse en sus tierras y conservar su modo de vida.

2. Menciona una manera en que se resistieron algunos de los indígenas de California a los españoles. *Idea principal y detalles*

_____

_____

_____

Resumen

Los misioneros españoles querían que los indígenas de California vivieran en las misiones. ¿De qué manera cambiaron las misiones la vida de algunos indígenas?

Junípero Serra (1713–1784)

Aprende más Cuando Miguel José Serra era joven y vivía en Mallorca, España, decidió convertirse en sacerdote franciscano de la Iglesia Católica. Había leído muchos libros sobre los misioneros que viajaban a nuevos lugares para diseminar su religión. Serra decidió que quería ser misionero. Adoptó el nombre religioso de Junípero, convirtiéndose así en Junípero Serra.

En 1749 salió de España para trabajar como misionero. Después de pasar varios años en México, se dirigió al norte para fundar misiones. Tres de ellas fueron las misiones de San Diego de Alcalá, San Antonio de Padua y San Francisco de Asís. Serra fundó nueve misiones en total. Todas quedaban en lo que hoy es California. Las misiones introdujeron el catolicismo entre muchos de los indígenas de California y ayudaron a España a proteger la región contra los colonos rusos y británicos.

1. Encierra en un círculo los nombres de tres misiones fundadas por Junípero Serra.
Identificar

2. ¿Por qué quería fundar misiones Junípero Serra?
Analizar

_____

_____

_____

_____

Nombre:

🐻 **H-SS 4.2.4** Describen la ubicación de las misiones españolas en el mapa, sus bases geográficas, los factores económicos que se consideraron para establecerlas, así como su función; y comprenden cómo el sistema de misiones aumentó la influencia de España y el catolicismo en Nueva España y América Latina.

¿Qué influencia tuvo España en California?

IMAGINA LA ESCENA Si fueras a establecer un asentamiento en un nuevo lugar, querrías estar en el sitio indicado, ¿verdad? Al construir las misiones, España tenía que pensar dónde se debían establecer para tener éxito. ¿Cómo crees que el éxito de las misiones españolas en California sirvió para fortalecer la colonia española?

Vistazo previo
Vocabulario

fuerte *(s.)* edificio que los soldados usaban para defender un lugar importante

Actividad de vocabulario Traza una línea desde la palabra *fuerte* hasta el fuerte que aparece en la página.

Lectura: Causa y efecto

Los escritores usan causa y efecto para ayudar a los lectores a ver las conexiones entre sucesos. Una *causa* es lo que hace que suceda algo. Un *efecto* dice lo que sucede como resultado. A medida que leas la página 46, subraya los detalles que explican por qué España construyó misiones en California.

▷

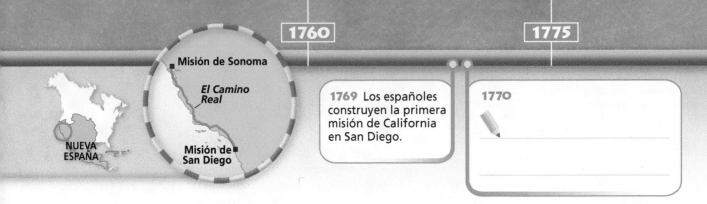

Misión de Sonoma

El Camino Real

NUEVA ESPAÑA

Misión de San Diego

1769 Los españoles construyen la primera misión de California en San Diego.

1770

La ubicación de las misiones

Los misioneros españoles construyeron muchas misiones en California y en las colonias de España en las Américas. Querían que los indígenas californianos fueran católicos. Entre 1769 y 1823 se crearon muchas misiones en California.

El gobierno español quería que la cantidad de misiones en California aumentara. Esto se debía a que California era una parte importante del territorio de España, llamado la Nueva España, en América del Norte. Los españoles pensaban que si los indígenas de California creían en el catolicismo, apoyarían la colonia española.

Para atraer a un gran número de indígenas de California, las misiones debieron construirse cerca de los sitios en los que éstos vivían. También se construyeron cerca de recursos naturales, como ríos y bosques, y en tierras fértiles que eran adecuadas para la agricultura.

Los españoles fundaron varias misiones en California, como ésta en San Diego en 1769.

1. ¿Qué efecto esperaba España que tuvieran las misiones católicas en los indígenas de California? *Causa y efecto*

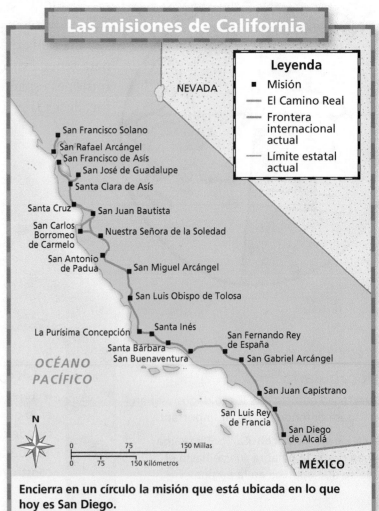

Las misiones de California

NEVADA

Leyenda
- ■ Misión
- — El Camino Real
- — Frontera internacional actual
- — Límite estatal actual

San Francisco Solano
San Rafael Arcángel
San Francisco de Asís
San José de Guadalupe
Santa Clara de Asís
Santa Cruz
San Juan Bautista
San Carlos Borromeo de Carmelo
Nuestra Señora de la Soledad
San Antonio de Padua
San Miguel Arcángel
San Luis Obispo de Tolosa
Santa Inés
La Purísima Concepción
San Fernando Rey de España
Santa Bárbara
San Buenaventura
San Gabriel Arcángel
San Juan Capistrano
San Luis Rey de Francia
San Diego de Alcalá

OCÉANO PACÍFICO

N

0   75   150 Millas
0   75   150 Kilómetros

MÉXICO

Encierra en un círculo la misión que está ubicada en lo que hoy es San Diego.

1821 La última misión de California, San Francisco Solano, se construye en Sonoma.

Las misiones también debían ser seguras y accesibles. Quedaban cerca de las bahías de la costa para que los barcos pudieran anclar cerca de ellas. En 1770 se empezó El Camino Real para conectar las misiones. Los españoles construyeron fuertes a lo largo del camino para que sirvieran de puestos militares y comerciales. Un **fuerte** es un edificio que los soldados usan para defender un lugar importante.

La mayoría de las misiones se construyeron a un día de viaje de la próxima misión a lo largo de El Camino Real.

La Iglesia Católica en California

Los sacerdotes de las misiones pertenecían a un grupo católico conocido como los franciscanos. Ellos les enseñaron a los indígenas de California a elaborar cosas como aceite de oliva y artículos de cuero. Luego, los misioneros intercambiaban estos artículos por productos que provenían del este de los Estados Unidos. En esa época, las misiones de California producían bienes para comerciar con otros países. Las misiones obtenían dinero del comercio. Esto hacía que las misiones fueran aún más importantes para los españoles.

Debido a que las misiones eran importantes, los sacerdotes que las dirigían obtuvieron mucho poder. De hecho, a algunos sacerdotes, como al padre Junípero Serra, se les ortogó el control de los soldados en su zona.

2. **¿Por qué crees que los misioneros les enseñaron a los indígenas de California a elaborar ciertos productos?** *Sacar conclusiones*

Resumen

Las misiones le dieron a España más control sobre California y el resto de Nueva España. ¿Cómo pudo España lograr esto?

Cartas: El padre Junípero Serra

Aprende más Las cartas también son un ejemplo de una fuente primaria. Pueden decirnos lo que pensaba una persona y darnos descripciones sobre los sucesos mientras ocurren. Ya sabes que el padre Junípero Serra vino a San Diego desde España y fundó la primera misión de California. El siguiente pasaje es de una carta que escribió el 3 de julio de 1769. Le escribió esta carta al padre Palou, quien luego escribió la biografía de Serra.

Lee el pasaje y luego contesta las preguntas.

1. Encierra en un círculo las palabras del pasaje que describen la geografía del área.

Identificar

2. ¿Cómo podrían la tierra, el agua, las uvas y las rosas hacer que éste fuera un buen lugar para fundar una misión?

Analizar

_____

_____

_____

_____

_____

_____

"El tramo por el cual pasamos es por lo general tierra muy buena, con suficiente agua; y tanto allí como aquí la tierra ni es rocosa ni está cubierta de maleza. Hay, sin embargo, muchas colinas, pero están compuestas [hechas] de tierra. Aproximadamente a mitad del camino los valles y las orillas de los arroyuelos [ríos pequeños] comenzaron a ser encantadores. Encontramos vides de gran tamaño, en algunos casos llenas de uvas; también encontramos una abundancia de rosas, que parecían ser como las de Castilla [una región grande de la parte norte y central de España]."

Nombre:

🐻 **H-SS 4.2.5** Describen la vida diaria de los indígenas y los colonizadores que residían en los presidios, las misiones, los ranchos y los pueblos.

¿Cómo era la vida en la California española y en la mexicana?

IMAGINA LA ESCENA Las personas que se mudan a una región por distintas razones a menudo viven en diferentes tipos de comunidades. Éste fue el caso de los pobladores españoles y mexicanos que vivían en California. ¿En qué se diferenciaban estos nuevos asentamientos?

Vistazo previo
Vocabulario

ocupar *(v.)* asumir control de un lugar

presidio *(s.)* fuerte

pueblo *(s.)* aldea

concesión de tierras *(s.)* terreno entregado por el gobierno

rancho *(s.)* finca grande en la que se cultiva la tierra y se crían caballos, ganado vacuno, ovejas y cerdos

economía *(s.)* forma en la que se administran los recursos de un país, estado, región o comunidad

Actividad de vocabulario Subraya las palabras del vocabulario de arriba que describen lugares.

🔘 Lectura: Comparar y contrastar

Al *comparar* y *contrastar*, puedes ver las semejanzas y diferencias entre ideas. A medida que leas la lección, encierra en un círculo ejemplos de las diferencias entre los asentamientos españoles y mexicanos.

▷

Las misiones

Como ya sabes, las misiones se fundaron principalmente con fines religiosos. Muchos indígenas de California trabajaban en ellas. Los hombres cultivaban la tierra y cuidaban los animales. Las mujeres cocinaban, cosían, trabajaban en los jardines y hacían velas y jabón. Las personas mayores pescaban y fabricaban flechas.

Los fuertes españoles

Los españoles comenzaron a ocupar regiones de California desde finales del siglo XVII. **Ocupar** significa asumir control de un lugar. Los españoles establecieron presidios para proteger las regiones que ocupaban. El **presidio** era un fuerte. Cada presidio servía de vivienda a los soldados que defendían las misiones y a los colonos españoles que vivían en la región. Los presidios también se convirtieron en centros de comercio.

1. Comparar y contrastar
Subraya ejemplos de las diferencias entre las labores de los hombres y las labores de las mujeres en las misiones.

2. ¿Cuál era el objetivo de un presidio? *Idea principal y detalles*

_____

_____

_____

Una misión española

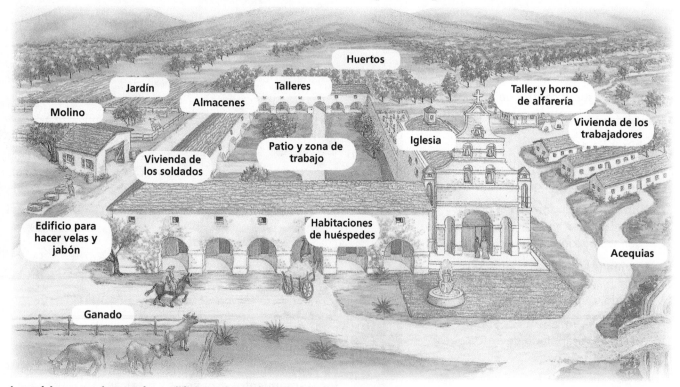

Las misiones tenían muchos edificios y áreas de trabajo.

Los pueblos agrícolas

El gobierno español también fundó pueblos en las tierras agrícolas que quedaban cerca de los presidios. Un **pueblo** es otra palabra para aldea. La gente que vivía en los pueblos cultivaba alimentos para los soldados de los presidios. Los trabajadores de los pueblos recibían dinero, tierras y animales a cambio de la comida y el agua que les proporcionaban a los presidios.

Los ranchos mexicanos

En 1821 México obtuvo su independencia de España. El gobierno mexicano tomó posesión de California y otorgó concesiones de tierras a los mexicanos que vivían o se establecían allí. Una **concesión de tierras** es terreno entregado por el gobierno. Muchos colonos construyeron **ranchos,** que son grandes fincas en las que se cultiva la tierra y se crían caballos, ganado vacuno, ovejas y cerdos. En los ranchos con frecuencia se criaba una gran cantidad de ganado, mientras que en los pueblos se solía practicar la agricultura. Con el tiempo, los ranchos pasaron a ser el centro de la economía de California, reemplazando a las misiones. La **economía** es la forma en la que se administran los recursos de un país, estado, región o comunidad. Durante el gobierno mexicano, la cría de ganado se convirtió en una forma importante en la que los colonos de California se ganaban la vida.

3. ¿Por qué eran importantes los pueblos para los presidios?

Idea principal y detalles

4. Comparar y contrastar **Subraya cada ejemplo del texto que muestre en qué se diferenciaban los ranchos de los pueblos.**

Los ladrillos de barro, como éstos en el presidio de Santa Bárbara, se secaban y luego se usaban para construir.

Resumen

Los diferentes tipos de asentamientos eran importantes en la historia de California. Describe los cuatro tipos de asentamientos que se establecieron durante el gobierno español y el mexicano.

Ubicación relativa

Aprende más En la Unidad 1 estudiaste que cada lugar de la Tierra tiene una ubicación absoluta. Si conoces la latitud y la longitud de un lugar, puedes hallar su ubicación exacta.

Los lugares también tienen una ubicación relativa. La ubicación relativa indica dónde queda un lugar en relación con otro. Las ubicaciones relativas generalmente se expresan en términos de distancia y dirección. Por ejemplo, puedes decir que la ubicación relativa de San Francisco es aproximadamente 400 millas al noroeste de Los Ángeles. Cada lugar tiene muchas ubicaciones relativas. También puedes hallar la ubicación relativa de San Francisco con Sacramento, San José o cualquier otro lugar.

Inténtalo

1. Usa el mapa para hallar la ubicación relativa de San Diego en relación con Sacramento.

Interpretar

_____

_____

2. Halla la ubicación relativa de San José con Long Beach.

Interpretar

_____

_____

3. ¿Qué ciudad tiene una ubicación relativa de aproximadamente 110 millas al oeste de Fresno? *Analizar*

_____

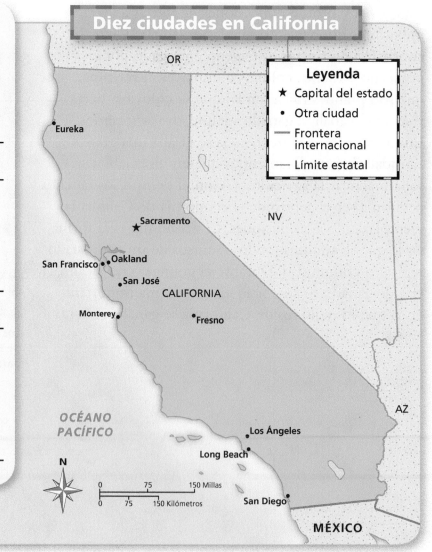

Diez ciudades en California

Leyenda
★ Capital del estado
• Otra ciudad
— Frontera internacional
— Límite estatal

🐻 **H-SS 4.2.6** Hablan del papel de los franciscanos en el cambio de la economía de California, de una economía de cazadores-recolectores a una economía agrícola.

¿Cómo cambió la antigua economía de California?

IMAGINA LA ESCENA Hace cientos de años en California no había supermercados ni restaurantes. La mayoría de la gente tenía que cazar o recolectar sus alimentos. Cuando los españoles llegaron, transformaron la economía de California.

Vistazo previo
Vocabulario

cazador-recolector *(s.)* persona que obtiene sus alimentos cazando animales y recolectando plantas

represa *(s.)* pared que se construye para retener agua

cultivar *(v.)* preparar y usar la tierra para sembrar cultivos

riego *(s.)* uso de tubería o canales para llevar agua adonde se necesita

Actividad de vocabulario Tres de las palabras del vocabulario de arriba podrían aparecer en un relato sobre lo que hacen o utilizan los agricultores para sembrar cultivos. Enciérralas en círculos.

🎧 Lectura: Comparar y contrastar

Comparar es mostrar en qué se parecen dos o más cosas. *Contrastar* es mostrar en qué se diferencian. A medida que leas la lección, encierra en un círculo las oraciones en la página 55 que muestran las diferencias entre la manera en que los antiguos indígenas de California usaban la tierra antes y después de la llegada de los españoles.

▷

Vivir de la tierra

Antes de que los europeos llegaran a California, los indígenas que vivían en la región eran cazadores-recolectores. Un **cazador-recolector** es una persona que obtiene sus alimentos cazando animales y recolectando plantas. Los indígenas de California vivían de las especies animales y vegetales que podían encontrar donde vivían. Habían aprendido mucho acerca de los seres vivos que los rodeaban. Sabían qué cosas podían comer y dónde encontrarlas.

Encontrar la comida

Los indígenas de California desarrollaron muchas maneras de encontrar alimentos. Pescaban y cazaban leones marinos, nutrias, venados, alces, conejos y aves. Recolectaban bellotas, semillas, raíces y bayas.

Para conseguir su alimento usaban herramientas como palos puntiagudos, piedras, arpones, canoas, trampas y cestas tejidas. También usaban arcos y flechas para cazar. Incluso construían represas en los ríos para juntar muchos peces en un lugar. Una **represa** es una pared que se construye para retener agua.

1. Comparar y contrastar **¿En qué se diferencia la manera en que los primeros indígenas de California buscaban su comida de la manera en que la gente la busca hoy en día?**

2. ¿Por qué crees que los cazadores-recolectores desarrollaron tantas herramientas? *Sacar conclusiones*

Los hupas hacían piraguas con los troncos de los árboles.

Muchos indígenas de California usaban herramientas como estas puntas de flecha.

Las misiones utilizaban canales de riego hechos de piedra para llevar el agua a los campos y a los jardines.

Aprender a cultivar

La llegada de los españoles transformó la economía de los indígenas de California. La convirtió de una economía de cazadores-recolectores en una economía agrícola. La economía agrícola se basa en cultivar más alimentos de los que se necesitan para sobrevivir. Los alimentos que sobran se pueden vender o intercambiar por otros bienes o servicios.

Algunos grupos indígenas de California eran agricultores antes de que llegaran los españoles. La mayoría de los grupos vivían cerca de arroyos, del mar o de bosques, donde los animales silvestres y las plantas eran abundantes.

Durante los siglos XVIII y XIX, los misioneros franciscanos les enseñaron a muchos indígenas de California a cultivar la tierra. **Cultivar** significa preparar y usar la tierra para sembrar cultivos. Los indígenas de la región aprendieron a cultivar trigo, maíz y verduras. También aprendieron a construir sistemas de riego. El **riego** es el uso de tubería o canales para llevar agua adonde se necesita. Este sistema les permitió sembrar más cultivos en un mayor número de lugares.

3. Comparar y contrastar **¿Como se diferencia una economía de cazadores-recolectores de una economía agrícola?**

Resumen

Cuando los españoles llegaron a lo que hoy es California, influyeron en la economía de los indígenas californianos. Describe cómo se desarrolló la economía agrícola en California.

Diarios: Pedro Font

Aprende más Un diario también es una fuente primaria porque es un registro escrito de los sucesos que alguien vivió. En 1775, un grupo de familias españolas viajó hacia el norte desde México. Querían establecerse en lo que hoy conocemos como San Francisco. Con ellos viajaba un sacerdote llamado Pedro Font, quien escribió un diario del viaje. En este fragmento del diario, Pedro escribe sobre una visita a los indígenas californianos que vivían cerca de una misión.

1º de noviembre de 1775

"[Los campos] quedan... cerca de las orillas del río... [El río] está tan seco en este momento que cuando un indio se metió en él, el agua sólo le llegaba a media pierna. Por esta razón no han sembrado todavía, ya que el río estaba tan bajo que el agua no lograba entrar en los canales. Me contaron... que para remediarlo pensaban... amarrar muchos troncos en la mitad del río y que luego amarrarían muchas ramas para que el nivel del agua subiera y entrara en los canales".

Basándote en el fragmento del diario, contesta las siguientes preguntas.

1. El diario explica que los indígenas californianos están planeando construir una represa. Encierra en un círculo las palabras que dicen de qué estará hecha la represa. *Identificar*

2. ¿Cuál crees que era el propósito de la represa? *Interpretar*

_____

_____

H-SS 4.2.7 Describen las consecuencias de la Guerra de Independencia de México en Alta California, por ejemplo, las consecuencias que tuvo en las fronteras territoriales de América del Norte.

¿De qué manera afectó a California la Guerra de Independencia de México?

IMAGINA LA ESCENA ¿Te has preguntado por qué tantos lugares de California tienen nombres españoles? Se debe a que California fue colonizada y gobernada por España y más adelante por México. ¿Cómo se independizó México y se apoderó del control de California?

Vistazo previo
Vocabulario

gobierno *(s.)* conjunto de leyes y líderes de un país

territorio *(s.)* superficie geográfica que depende de un gobierno externo, pero que generalmente posee algo de independencia

límite *(s.)* línea o accidente geográfico que separa dos regiones, estados o países

Actividad de vocabulario Completa la siguiente oración con la palabra correcta del vocabulario.

Un río forma el _____ que separaba a México de los Estados Unidos.

Lectura: Causa y efecto

El poder identificar las *causas* de los sucesos te ayudará a entender por qué sucedieron. A medida que leas, subraya los sucesos importantes que condujeron a la Guerra de Independencia de México.

Alta California
MÉXICO

La lucha por la igualdad

A comienzos del siglo XIX, muchos mexicanos de Alta California querían liberarse del dominio español. Cada grupo tenía sus razones para desear la independencia. Un grupo quería que a todos se les tratara con justicia e igualdad. Este mismo grupo quería quitarles tierras a los terratenientes ricos y compartirlas con quienes no tenían. En esta época, España sofocó varias pequeños conflictos en México. Sin embargo, la lucha por la independencia creció.

Los terratenientes ayudan

Muchos terratenientes y otras personas de México también querían independizarse de España. Se habían dado cuenta de que el gobierno de España se estaba volviendo más democrático. El **gobierno** es el conjunto de leyes y líderes de un país. Un gobierno democrático permite que todos los ciudadanos puedan opinar sobre la forma en que se rige el país. Algunos terratenientes no querían que México se volviera democrático porque creían que tendrían que compartir sus tierras y su poder. Estos terratenientes ayudaron a pagar a un ejército para que peleara contra España.

1. ¿Por qué algunas personas querían quitarles tierras a los terratenientes ricos?

Causa y efecto

2. ¿Por qué contribuyeron los terratenientes ricos a la lucha de México por la independencia?

Idea principal y detalles

Los ejércitos mexicanos lucharon para independizarse de España bajo banderas como ésta.

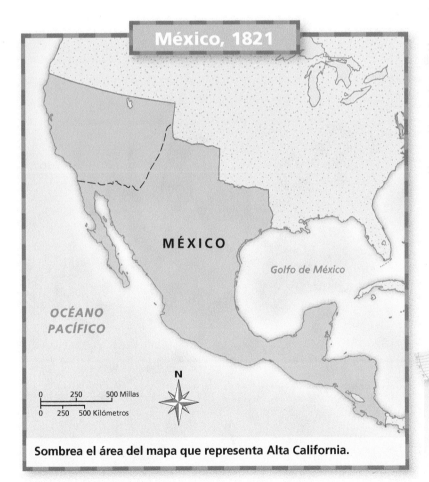

1821 México se independiza de España.

México obtiene su independencia

México obtuvo finalmente la independencia de España en 1821 y asumió el control de la mayor parte de las tierras de España en América del Norte. Entre ellas estaba el territorio de Alta California. Un **territorio** es un área geográfica que depende de un gobierno externo, pero que generalmente tiene algo de independencia. Los límites de Alta California abarcaban lo que hoy es California, Nevada, Utah y Arizona. Un **límite** es una línea o accidente geográfico que separa dos regiones, estados o países.

3. En el texto, encierra en un círculo los estados de la actualidad que formaban parte de Alta California. *Idea principal y detalles*

La Guerra de Independencia de México llegó a su fin en 1821.

México, 1821

MÉXICO

Golfo de México

OCÉANO PACÍFICO

N

0   250   500 Millas
0   250   500 Kilómetros

Sombrea el área del mapa que representa Alta California.

Resumen

Distintos grupos en México querían la independencia por diferentes razones. Menciona dos razones por las que los mexicanos querían liberarse del dominio español a principios del siglo XIX.

La celebración de la independencia mexicana

Aprende más Muchos ciudadanos de California expresan respeto por la herencia de nuestro estado al celebrar el Día de la Independencia de México. La batalla por la independencia de México comenzó el 16 de septiembre de 1810. En ese tiempo el territorio de California formaba parte de México. Ese día, el padre Hidalgo exigió el fin del dominio español en México. Él quería que a todas las personas de México se les tratara con igualdad y que todos pudieran poseer tierras. Pasaron once años antes de que el pueblo mexicano ganara la lucha. Finalmente, el 24 de agosto de 1821, México obtuvo su libertad de España.

Los mexicanos celebran el Día de la Independencia el 16 de septiembre, que fue el día en que el padre Hidalgo por primera vez exigió la libertad de su país. Muchos californianos de México celebran este día con desfiles y comidas al aire libre.

1. Fíjate en la ilustración de unas personas celebrando el Día de la Independencia de México. Encierra en un círculo una cosa que verías también en una celebración del Cuatro de Julio, el Día de la Independencia de los Estados Unidos. *Identificar*

2. Encierra en un cuadro a una de las personas de la ilustración. ¿Qué crees que esta persona está sintiendo? *Analizar*

_____

_____

_____

_____

Nombre:

H-SS 4.2.8 Hablan del período del gobierno mexicano de California y sus atributos, como las concesiones de tierra, la secularización de las misiones y la aparición de la economía de rancho.

¿Cómo afectó a California el gobierno mexicano?

IMAGINA LA ESCENA Cuando una nueva persona asume el control de algo, a menudo hace cambios. Eso hizo México cuando asumió el control de California. ¿Qué cambios se produjeron en California a causa del gobierno mexicano y cómo afectaron estos cambios a la región y su gente?

Vistazo previo
Vocabulario

impuesto *(s.)* dinero que el gobierno recolecta para pagar sus servicios

Actividad de vocabulario Escribe una definición de la palabra *impuesto* con tus propias palabras.

Lectura: Idea principal y detalles

Una *idea principal* dice de qué se trata un párrafo. Otras oraciones contienen *detalles* que apoyan la idea principal. A medida que leas, subraya la idea principal de cada párrafo de la lección.

El gobierno mexicano en California

Después de ganar la independencia, México no quería que España ejerciera ningún poder en California. En 1834 José Figueroa, el gobernador mexicano de California, ordenó que la mayoría de las misiones españolas se convirtieran en asentamientos mexicanos. El terreno de la misión de San Juan Capistrano fue convertido en un pueblo y se les entregó a los indígenas californianos. Como resultado, los sacerdotes españoles y los soldados de los presidios perdieron el poder y el control que tenían sobre la región.

Las tierras gratuitas y la economía del rancho

Muchos pobladores mexicanos de California recibieron concesiones de tierra. Entre 1821 y 1848, el gobierno mexicano otorgó cientos de ellas. La mayoría pasó a manos de "californios" ricos, es decir, colonos de ascendencia española-mexicana que tenían contactos con el gobierno. El gobierno quería darles la tierra a los californios porque así podría cobrar impuestos sobre las propiedades. Un **impuesto** es el dinero que un gobierno recolecta por sus servicios.

Muchos de los colonos nuevos fundaron ranchos. Como ya sabes, el ganado y las cosechas de los ranchos se convirtieron en una parte importante de la economía de California. Durante el gobierno mexicano, los ranchos llegaron a obtener poder y reemplazaron a las misiones en su papel de centros del gobierno. Los dueños de los ranchos comenzaron a ejercer de gobernantes de sus zonas.

1. ¿En qué cambiaron las misiones durante el gobierno mexicano? *Idea principal y detalles*

_____

_____

_____

_____

2. ¿Por qué los ranchos obtuvieron mucho poder? *Sacar conclusiones*

_____

_____

_____

Los vaqueros se encargaban del ganado en los ranchos de California.

Hoy en día, los visitantes del Parque Histórico Estatal del Adobe en Petaluma pueden ver cómo era la vida en un rancho en California.

Los efectos en los indígenas de California

La llegada del gobierno mexicano produjo algunos cambios para los indígenas de California. A muchos de los que vivían en las misiones se les dijo que podían irse de las misiones. También se les prometió que recibirían parte de las tierras de la misión, pero la mayoría de las tierras pasaron a manos de los californios y no de los indígenas. Muchos de los indígenas californianos no tenían tierras ni dinero, de modo que se quedaron a vivir y trabajar en los ranchos, de la misma forma en que lo habían hecho en las misiones.

3. ¿Qué efecto tuvo el gobierno mexicano en los indígenas de California? *Causa y efecto*

Resumen

Cuando México asumió el control de California, el gobierno hizo cambios. ¿Quiénes se beneficiaron más con el gobierno mexicano de California? Explica tu respuesta.

Mapas históricos: Concesiones de tierras

Aprende más   En 1848, California se convirtió en territorio de los Estados Unidos. Al pasar a ser territorio estadounidense, California continuó el sistema de concesión de tierras. Hacer un mapa ayudaba a las personas a saber cuáles eran los límites de sus tierras. Los mapas se podían usar como documentos oficiales que mostraban las tierras que pertenecían a una familia u organización.

El siguiente mapa es una concesión de tierras de un rancho en el condado de Sonoma. Los mapas como éste son fuentes primarias. Muestran la ubicación de las parcelas de tierra e indican quiénes eran sus dueños en ese momento.

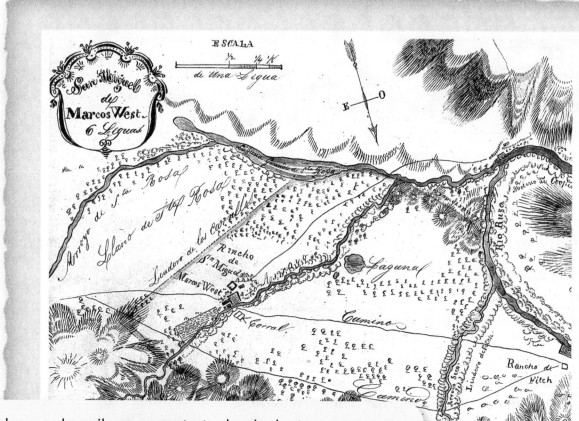

Usa el mapa de arriba para contestar las siguientes preguntas.

1. Encierra en un círculo la escala que aparece en el mapa. *Identificar*

2. ¿Por qué sería importante para el dueño de un rancho tener un mapa como éste? *Analizar*

_____

_____

Diario de estudio

En esta unidad aprenderás cómo California pasó de ser una colonia española a formar parte de los Estados Unidos. Verás cómo la Fiebre del Oro atrajo a gente nueva a la región y cómo contribuyó a que California se convirtiera en estado. Completa las actividades de estas páginas a medida que leas la unidad.

Lo que sé sobre...

la Fiebre del Oro:

¿Quién le dio forma a California a principios del siglo XIX?

Elige a tres personas de la siguiente lista. Escribe el nombre de una persona en cada cuadro. Luego escribe un dato que señale el efecto que cada una tuvo en la historia de California.

John Sutter	Jedediah Smith	James Beckwourth	John Bidwell
John C. Frémont	Pío Pico	Biddy Mason	Helen Hunt Jackson
Mary Tape	Bernarda Ruiz	Sam Brannan	James Marshall
Bennett Riley	Peter Burnett	Louise Clapp	Mariano Guadalupe Vallejo

¿A qué personaje de esta unidad te gustaría entrevistar? Escribe su nombre a continuación.

_____

Escribe una pregunta que te gustaría hacerle.

_____

_____

Ahora escribe dos datos sobre esta persona.

1._____

_____

2._____

_____

Enumera tres formas en las que la Fiebre del Oro cambió California.

1._____

2._____

3._____

En los siguientes cuadros, escribe debajo del año correspondiente un paso importante que dio California hacia la estadidad. Recuerda que en 1846 sucedieron dos cosas importantes.

1846

1.

2.

1849

1850

He aprendido...

Nombre:

H-SS 4.3.1 Identifican la ubicación de los asentamientos mexicanos de California y de los demás asentamientos, como el fuerte Ross y el fuerte de Sutter.

¿Dónde estaban los asentamientos de California?

IMAGINA LA ESCENA ¿Cómo crees que empezaron las grandes ciudades de California? Los españoles se asentaron en áreas de la costa. Luego, México asumió el control y estableció más asentamientos. Poco tiempo después, comenzó a llegar aquí gente de otros países. ¿Qué efecto tuvo en California esta gente?

Vistazo previo
Vocabulario

pionero *(s.)* persona que es de las primeras en poblar una parte de un territorio

Actividad de vocabulario
A continuación, escribe una definición de *pionero* con tus propias palabras.

Personajes

Ivan Kuskov   John Sutter

🔎 Lectura: Causa y efecto

Destreza de lectura

La relación de *causa* y *efecto* muestra la conexión entre sucesos. La causa es la razón por la que algo sucede. El efecto es lo que sucede como resultado de la causa. A medida que leas la lección, encierra en un círculo las palabras como *porque, por lo tanto* y *como resultado* que indican la relación de causa y efecto.

Fuerte
Ross
San
Francisco
Fuerte de Sutter
OCÉANO
PACÍFICO

1812

1821 México se independiza de España.

Los asentamientos rusos

Mientras los españoles vinieron de lo que hoy es México y se asentaron en California desde el sur, los colonos rusos llegaron por mar desde el noroeste. En 1812, Ivan Kuskov condujo a un grupo de tramperos rusos y nativos de Alaska a un lugar que quedaba al norte de San Francisco. Los tramperos llegaron a la región a cazar nutrias marinas y construyeron el fuerte Ross para que sirviera de puesto para el comercio de pieles. Al cabo de diez años la mayoría de las nutrias marinas de la región habían sido atrapadas. Ellos entonces intentaron cultivar la tierra, pero no tuvieron éxito. Por lo tanto, a comienzos de la década de 1840 habían abandonado la región.

Hoy en día mucha gente va al fuerte Ross para aprender sobre la historia de California.

1. ¿En qué se diferenciaba el fuerte Ross de las misiones y otros asentamientos de California? *Comparar y contrastar*

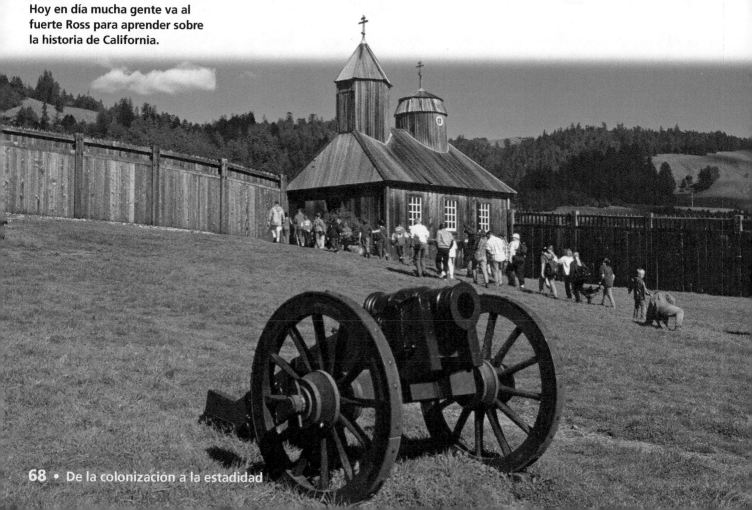

1841 Se construye el fuerte de Sutter.

El fuerte de Sutter era el primer lugar al que muchos colonos llegaban después de atravesar las montañas desde el Este.

Los asentamientos mexicanos

Como ya sabes, México asumió el control de las misiones españolas cuando se independizó de España en 1821. Después, muchos mexicanos comenzaron a viajar al norte hacia California porque querían tierras para la agricultura. Como resultado, las misiones se convirtieron en asentamientos mexicanos. Estos asentamientos eran lugares ideales para vivir, cultivar la tierra y dedicarse al comercio porque quedaban cerca de la costa. Con el tiempo, estos asentamientos se convirtieron en ciudades como San Diego, Santa Bárbara y San Francisco.

El fuerte de Sutter

En la misma época en la que los rusos abandonaban California, llegaban otros pioneros. Un **pionero** es uno de los primeros pobladores de una parte de un país. Uno de los pioneros fue John Sutter. En 1841, mandó construir un fuerte, después conocido como el fuerte de Sutter. Quedaba en el lugar en que se unían los ríos Sacramento y Americano. Sutter vendía provisiones a muchos comerciantes y pioneros que pasaban por la región.

2. Causa y efecto **¿Por qué los asentamientos mexicanos eran lugares ideales para la agricultura y el comercio?**

3. Subraya los detalles sobre el fuerte de Sutter.

Idea principal y detalles

Resumen

A medida que llegaba más gente a California, los asentamientos aumentaban en toda la región. ¿Por qué razones llegaron a California diferentes grupos de colonos a principios del siglo XIX?

Líneas cronológicas

Aprende más Una línea cronológica muestra sucesos importantes que ocurrieron durante un período de tiempo. Algunas líneas cronológicas son horizontales. Eso significa que van de izquierda a derecha. Otras son verticales, como la que verás abajo. Una línea cronológica vertical enumera los sucesos a lo largo de una línea que va de arriba abajo. Así se pueden ver fácilmente el orden de los sucesos y la relación que existe entre ellos.

Inténtalo

Usa la línea cronológica para contestar las siguientes preguntas:

1. **A fines del siglo XVIII, España fundó misiones a lo largo de la costa de California. Sobre la línea cronológica, encierra en un círculo el año en que se construyó la primera misión.** *Secuencia*

2. **Subraya el nombre de la ciudad en donde los colonos fundaron una misión en 1776.** *Identificar*

3. **Encierra en un cuadro el nombre de la actividad que llevó a los rusos a esta región en 1812.** *Identificar*

4. **¿Cuántos años antes de que California pasara a ser un territorio de los Estados Unidos llegó el primer grupo de colonos aquí?** *Secuencia*

_____

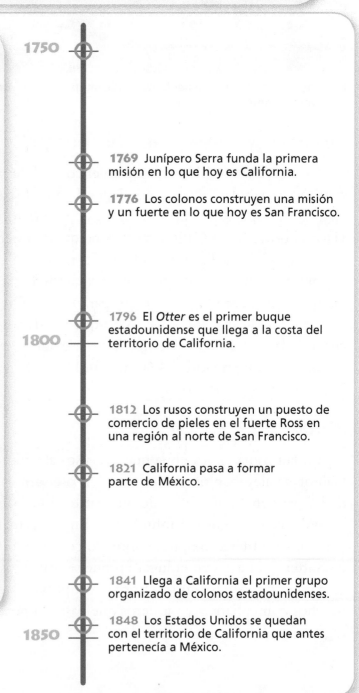

1750

1769 Junípero Serra funda la primera misión en lo que hoy es California.

1776 Los colonos construyen una misión y un fuerte en lo que hoy es San Francisco.

1796 El *Otter* es el primer buque estadounidense que llega a la costa del territorio de California.

1800

1812 Los rusos construyen un puesto de comercio de pieles en el fuerte Ross en una región al norte de San Francisco.

1821 California pasa a formar parte de México.

1841 Llega a California el primer grupo organizado de colonos estadounidenses.

1848 Los Estados Unidos se quedan con el territorio de California que antes pertenecía a México.

1850

H-SS 4.3.2 Comparan cómo y por qué viajaba la gente a California, así como las rutas que recorrieron (James Beckwourth, John Bidwell, John C. Frémont, Pío Pico, por ejemplo).

¿Cómo y por qué viajaba la gente a California?

IMAGINA LA ESCENA ¿Cómo sería viajar desde la costa este hasta la costa oeste sin trenes, autos ni aviones? A medida que se formaban más asentamientos en California, más gente quería venir a la región. ¿Qué hizo que los colonos atravesaran desiertos, montañas y océanos para llegar aquí?

Vistazo previo
Vocabulario

expandirse *(v.)* crecer

migrar *(v.)* irse de un lugar a otro

inmigrar *(v.)* venirse a vivir de otro país

Actividad de vocabulario Los sinónimos son palabras que tienen el mismo o casi el mismo significado. En las palabras del vocabulario de arriba, encierra en un círculo un sinónimo de la palabra *aumentar*.

Personajes

Pío Pico
Jedediah Smith
John Bidwell
James Beckwourth
John C. Frémont

Lectura: Comparar y contrastar

Cuando *comparas* dos o más cosas, dices en qué se parecen. Cuando las *contrastas,* dices en qué se diferencian. A medida que leas la página 72, subraya las oraciones que contrastan las diferentes razones por las cuales la gente llegaba a California.

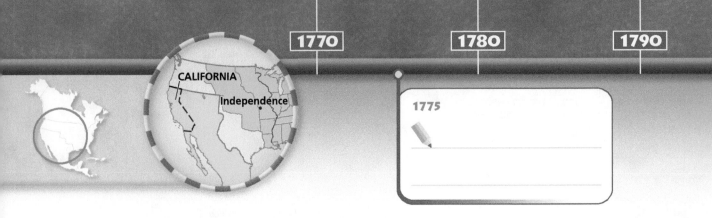

CALIFORNIA

Independence

1775

Los Estados Unidos crecen

A principios del siglo XIX, los Estados Unidos comenzaron a **expandirse,** es decir, a crecer. Muchos colonos empezaron a migrar al Oeste. **Migrar** significa irse de un lugar a otro. Algunos de estos colonos inmigraron a los Estados Unidos desde otros países. **Inmigrar** significa venirse a vivir de otro país. Algunos colonos estadounidenses inmigraron a la California mexicana en busca de tierras cultivables. Otros planearon vender provisiones a otros colonos. Algunas personas sólo querían explorar las regiones del Oeste. Muchos querían probar algo nuevo y diferente.

En esos tiempos no había una manera fácil de llegar a California desde la costa este de los Estados Unidos. La mayoría de los barcos tenían que dar la vuelta alrededor del cabo de Hornos, en el extremo de América del Sur. El viaje era de unas 17,000 millas y duraba hasta ocho meses. Se podía tomar un atajo atravesando el istmo de Panamá, que es una franja estrecha de tierra situada entre los océanos Pacífico y Atlántico.

1. ¿Qué tenían en común muchas de las personas que inmigraron al Oeste en el siglo XIX?

Comparar y contrastar

Istmo de Panamá

Este mapa histórico muestra el istmo de Panamá.

Los caminos que conducían al Oeste

La mayoría de los pioneros estadounidenses tomaron una ruta más directa por tierra al oeste hacia California. Una carreta tirada por caballos podía tardar de tres a seis meses en llegar aquí desde el estado de Missouri. En el camino, los viajeros tenían que atravesar ríos, montañas y desiertos. Los pobladores mexicanos llegaron a California desde el sur. La familia de Pío Pico formó parte del grupo de pioneros mexicanos guiados por Juan Bautista de Anza que llegó aquí en 1775. Luego, Pico se convertiría en el último gobernador, o más alto líder, mexicano de California.

La gente quería buscar nuevas rutas para llegar a California. En 1826, Jedediah Smith condujo el primer grupo de tramperos estadounidenses que vinieron por tierra a California a través de los desiertos de Utah y Mojave. En 1841, John Bidwell vino con otros colonos en la primera caravana de carretas que llegó aquí desde Independence, Missouri. Luego escribió sobre sus experiencias en California. John C. Frémont viajó por toda la región elaborando mapas para el gobierno de los Estados Unidos a principios de la década de 1840. Frémont escribió informes que despertaron el interés de los estadounidenses del Este por venir al Oeste. James Beckwourth era un explorador, o guía, afroamericano que guiaba a los colonos hacia el Oeste durante la década de 1850.

2. Describe cómo crees que hubiera sido viajar a California a caballo o en una carreta tirada por caballos.

Sacar conclusiones

En la década de 1850, James Beckwourth guió a los colonos por un paso entre las montañas de la Sierra Nevada. Este paso recibió su nombre más adelante.

Resumen

A medida que se abrían nuevos caminos, más estadounidenses se interesaron en ir hacia el oeste. ¿Por qué crees que los pioneros o los primeros colonos se expondrían a los peligros y retos de viajar a California a mediados del siglo XIX?

Las rutas en los mapas

Aprende más Muchos colonos que llegaron al Oeste comenzaron su viaje en Independence, Missouri. ¿Qué rutas crees que tomaron las personas para ir a California?

Cuando estudies las rutas en un mapa, usa la leyenda del mapa para encontrar las diferentes rutas. Entender la leyenda del mapa te ayudará a distinguir una ruta de la otra.

Inténtalo

Imagina que eres un colono y vas hacia el oeste. Usa el mapa para contestar las siguientes preguntas:

1. **Traza la ruta que tomarías para ir de Independence a Sacramento.** *Interpretar*

2. **¿Qué camino queda más al norte?** *Identificar*

_____

3. **Encierra en un círculo la ciudad de California al final del Antiguo Camino Español.** *Identificar*

Las rutas a California

CANADÁ

TERRITORIO DE OREGÓN

MONTAÑAS ROCOSAS

GRANDES LLANURAS

Río Mississippi

ESTADOS UNIDOS

SIERRA NEVADA

Gran Lago Salado

GRAN CUENCA

Independence

Sacramento

Fuerte de Sutter

Los Ángeles

Santa Fe

MÉXICO

REPÚBLICA DE TEXAS

OCÉANO PACÍFICO

0   200   400 Millas
0   200   400 Kilómetros

Golfo de México

N

Leyenda

— Camino de California
— Antiguo Camino Español
— Camino de Santa Fe
— Frontera internacional actual
— Límite estatal actual

Marcadores, como éste de Colorado, todavía se pueden ver a lo largo de lo que fue el Camino de Santa Fe.

🐻 **H-SS 4.3.3** Analizan los efectos de la Fiebre del Oro en los asentamientos, la vida diaria, la política y el ambiente físico (usando, por ejemplo, biografías de John Sutter, Mariano Guadalupe Vallejo, Louise Clapp).

¿Qué efecto tuvo en California el descubrimiento del oro?

IMAGINA LA ESCENA ¿Qué crees que sucedió que cambió para siempre la historia de California? Un día en 1848, un hombre encontró unas cuantas pepitas de oro en un río, cerca de lo que hoy es Sacramento. En poco tiempo, muchos estadounidenses se apresuraron a viajar hacia el oeste. ¿Habrías ido con ellos a buscar oro?

Vistazo previo
Vocabulario

empresario *(s.)* persona que inicia un negocio nuevo con la esperanza de ganar dinero

boomtown *(s.)* población que crece rápidamente como resultado de nuevos negocios

Actividad de vocabulario En inglés, *boom* significa crecimiento rápido y repentino, y *town* significa pueblo. ¿Cómo saber los significados de *boom* y *town* te ayuda a entender el significado de *boomtown*? Explica tu respuesta.

Personajes
James Marshall
Sam Brannan
Levi Strauss
Mariano Guadalupe Vallejo

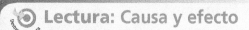

◎ Lectura: Causa y efecto

A veces una causa puede tener más de un efecto. Un efecto también puede tener más de una causa. A medida que leas la lección, busca las relaciones de *causa* y *efecto*. Encierra en un círculo las oraciones que describen los efectos de la Fiebre del Oro en California.

El descubrimiento del oro

La historia del oro en California comenzó con un pequeño descubrimiento. En enero de 1848, James Marshall estaba construyendo un aserradero nuevo para John Sutter en Coloma, cerca del río Americano. La madera que se produciría allí se utilizaría en el fuerte de Sutter en lo que hoy es Sacramento, que quedaba a unas cincuenta millas. Un día, Marshall encontró en el río unas piedras brillantes del tamaño de guisantes. Fueron examinadas. Las piedras contenían oro.

La Fiebre del Oro se extiende

La gente reaccionó de diferentes maneras al descubrimiento de Marshall. Sutter quería mantenerlo en secreto porque no quería que llegaran multitudes de gente a la región. Sin embargo, Sam Brannan tenía un plan diferente. Brannan era un **empresario,** es decir, una persona que inicia un negocio nuevo con la esperanza de ganar dinero. Cuando oyó hablar acerca del oro, Brannan compró muchas herramientas de minería para vender. Para animar a la gente a comprar sus herramientas, corrió por las calles de San Francisco gritando y con una botella de polvo de oro en las manos. Muchas personas creyeron que también podrían encontrar oro. Brannan se aseguró de que la gente le comprara a él las herramientas para extraer el oro.

1. Causa y efecto **¿Qué papel jugó John Sutter en el descubrimiento del oro en California?**

_____

_____

_____

2. Causa y efecto **¿Por qué corrió por las calles de San Francisco con una botella de polvo de oro Sam Brannan?**

_____

_____

_____

En 1848 se encontró oro cerca del aserradero de John Sutter.

1848

1849 Comienza la
Fiebre del Oro en
California.

Al llegar más gente a California en busca de oro, ciudades como San Francisco crecieron rápidamente.

El "boom" de población de California

En poco tiempo, multitudes de personas llegaron a California. Esto se llamó la Fiebre del Oro de California de 1849. A los nuevos colonos se les llamó *Forty-Niners* (los del 49).

Poco después, las ciudades de San Francisco, Stockton y Sacramento crecieron rápidamente y se convirtieron en *boomtowns*. Un **boomtown** es un pueblo que crece rápidamente como resultado de nuevos negocios. El crecimiento de estas ciudades se produjo a causa del negocio del oro y de los muchos colonos que llegaron a la región.

Durante la Fiebre del Oro llegaron aquí muchos más hombres que mujeres. Una de las mujeres que vino al Oeste con su esposo se llamaba Louise Clapp. Clapp le escribió a su hermana cartas que firmaba con el nombre de "Lady Shirley". En ellas describía la vida en los pueblos y campamentos mineros durante la Fiebre del Oro. Sus cartas luego fueron publicadas en una revista de San Francisco.

3. Causa y efecto **¿Qué efecto tuvo la Fiebre del Oro en las ciudades de California?**

Cómo vivían los *Forty-Niners*

La vida de los mineros era dura. Tenían permisos que les daban derecho a explotar una extensión de tierra, pero cavar en busca de oro era un trabajo lento, aburrido y a menudo peligroso. Para lavar el oro, el minero tenía que estar de pie y encorvado sobre una corriente de agua fría el día entero. Después de eso, al final del día a veces terminaba con apenas un poquito de polvo de oro. Los mineros también tenían que estar atentos a no dejarse confundir por la pirita de hierro, que parece oro pero no tiene ningún valor.

Mucho del oro que se minó en California fue encontrado en lo que se llamaba la veta madre. Una veta es un depósito. La veta madre era una franja en la que abundaban depósitos de oro en la Sierra Nevada.

4. ¿Cómo describirías la vida de un minero? Explica tu respuesta.

Idea principal y detalles

Los mineros a menudo vivían en tiendas de campaña en los campamentos de minería.

La pirita de hierro engañó a muchos mineros que creían que habían encontrado oro.

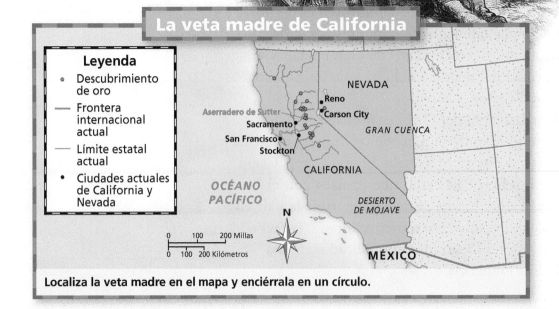

La veta madre de California

Leyenda
- Descubrimiento de oro
- — Frontera internacional actual
- — Límite estatal actual
- • Ciudades actuales de California y Nevada

NEVADA
Reno
Aserradero de Sutter
Carson City
Sacramento
GRAN CUENCA
San Francisco
Stockton
CALIFORNIA
OCÉANO PACÍFICO
DESIERTO DE MOJAVE
N
0   100   200 Millas
0   100   200 Kilómetros
MÉXICO

Localiza la veta madre en el mapa y enciérrala en un círculo.

Los ricos y los pobres

Pocos mineros se enriquecieron durante la Fiebre del Oro. La mayoría de los que ganaron mucho dinero eran empresarios y dueños de tiendas. Vendían herramientas y provisiones a los mineros.

Uno de esos empresarios era Levi Strauss, quien se dio cuenta de que los mineros necesitaban pantalones de trabajo resistentes para buscar oro. Strauss hizo fabricar pantalones de mezclilla resistentes y comenzó a venderlos. Los pantalones se hicieron populares entre los mineros. La compañía de Strauss todavía existe hoy en día en San Francisco.

John Sutter, sin embargo, no se enriqueció con la Fiebre del Oro. Quiso iniciar un negocio agrícola en los alrededores del fuerte de Sutter, pero en la década de 1850, pocas personas llegaron a California con la idea de dedicarse a la agricultura. La mayoría sólo quería buscar oro. El fuerte de Sutter quedó abandonado cuando la gente se fue de la región para buscar oro.

Los cambios de gobierno

La Fiebre del Oro también cambió la forma en que California era gobernada. Mariano Guadalupe Vallejo era un mexicano que había nacido en California. En la década de 1840, Vallejo se volvió muy poderoso y ayudó a gobernar la región. Sin embargo, la Fiebre del Oro atrajo a muchos colonos estadounidenses en un período corto de tiempo. Pronto había más colonos estadounidenses que mexicanos como Vallejo. A medida que más estadounidenses se trasladaron a California, aumentaron su poder e influencia en el gobierno.

5. **¿Cómo se beneficiaron de la Fiebre del Oro quienes no eran mineros?** *Idea principal y detalles*

_____

_____

Levi Strauss les puso remaches de metal a los pantalones de mezclilla para hacerlos más resistentes.

6. Causa y efecto **¿Qué efecto tuvo la Fiebre del Oro en el gobierno de California?**

_____

_____

Resumen

La Fiebre del Oro hizo que California cambiara mucho en poco tiempo. Describe lo que crees que fueron los efectos positivos y negativos que la Fiebre del Oro tuvo en California.

Memorias: Luzena Stanley Wilson

Aprende más Las memorias son escritas por una persona sobre sucesos que ocurrieron durante su vida. Luzena Stanley Wilson fundó el hotel El Dorado en el pueblo minero de Nevada City en la primavera de 1850. Años después, le contó a su hija sobre esta experiencia. En el siguiente fragmento, Wilson explica cómo empezó su negocio.

Ésta es la única fotografía conocida de Luzena Stanley Wilson.

Usa la entrada de diario para contestar las siguientes preguntas:

1. ¿Por qué crees que Wilson quería fundar un hotel rival? *Interpretar*

_____

_____

_____

_____

2. ¿Cómo crees que el negocio de Wilson afectó al pueblo de Nevada City? *Analizar*

_____

_____

_____

_____

_____

"Yo estaba determinada a fundar un hotel rival [competidor]. Así que compré dos tablones de una preciosa pila que pertenecía a un hombre que estaba construyendo la segunda casa de madera del pueblo. Con mis propias manos talé estacas, las clavé en la tierra y coloqué una mesa. Compré provisiones [alimentos] en una tienda de la vecindad, y cuando regresó mi esposo por la tarde encontró a... veinte mineros comiendo en mi mesa. Cada hombre, al salir, me puso un dólar en la mano y me dijo que podía contar con él como cliente permanente. Le puse el nombre de El Dorado a mi hotel."

—De Luzena Stanley Wilson, 49er, 1937

H-SS 4.3.4 Estudian las vidas de las mujeres que ayudaron a construir aquella California (Biddy Mason, por ejemplo).

¿Cómo contribuyeron las mujeres al crecimiento de California?

IMAGINA LA ESCENA ¿Cómo te sentirías si tuvieras que viajar a un lugar lejano? Al principio, sólo unas pocas mujeres viajaron a California. Sin embargo, el impacto que tuvieron algunas de esas mujeres fue duradero. ¿Cómo era la vida para las mujeres en California a mediados del siglo XIX?

Vistazo previo
Vocabulario

esclavitud *(s.)* práctica que consiste en ser dueño de otras personas y obligarlas a trabajar sin paga

acuerdo *(s.)* solución a un desacuerdo en el que cada parte renuncia a algo de lo que quiere

fugitivo *(s.)* persona que trata de escapar de la ley

solicitar *(v.)* pedirle oficialmente a alguien que haga algo

Actividad de vocabulario Completa la siguiente oración con una de las palabras del vocabulario de arriba:

Cuando los dos estudiantes no lograron decidir quién debía jugar con la pelota,

llegaron a un _____
y decidieron turnarse.

Personajes

Helen Hunt Jackson
Mary Tape
Biddy Mason

Lectura: Hecho y opinión

Los escritores a menudo utilizan *hechos* y *opiniones* en sus escritos. Un hecho es un enunciado que se sabe que es verdad. Una opinión es la creencia o el juicio de una persona. A medida que leas el primer párrafo en la página 82, subraya los hechos en el texto.

▷

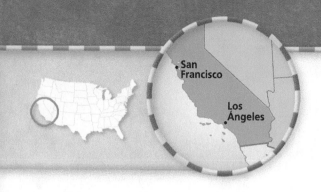

El viaje al Oeste

Las mujeres que viajaron a California en el siglo XIX enfrentaban algunos de los mismos retos que los hombres, como enfermedades y un duro clima. En las regiones recién pobladas, la construcción de nuevas casas, granjas y negocios era un trabajo difícil.

Muchas mujeres vinieron al Oeste porque sus esposos querían buscar oro, pero algunas viajaron solas. Las mujeres que vinieron a California podían encontrar trabajo de cocineras o lavanderas. Otras administraban pensiones en las que los viajeros y colonos podían pasar la noche. Unas cuantas también buscaban oro.

El logro de cambios

Algunas mujeres trataron de resolver problemas grandes en California. Bernarda Ruiz vivía en Santa Bárbara cuando México estaba en guerra con los Estados Unidos. Ella quería que la guerra terminara, de modo que en 1847 organizó un encuentro entre los líderes de ambos bandos para lograr la paz.

Helen Hunt Jackson fue una escritora que creía que los indígenas americanos recibían un trato injusto. En 1884, escribió una novela popular llamada *Ramona*, que relata la dura vida de los indígenas en California. El libro de Jackson todavía se celebra hoy en nuestro estado en un festival anual en Hemet.

1. Basándote en el texto, escribe una opinión sobre las mujeres que viajaron al Oeste. *Hecho y opinión*

_____

_____

_____

_____

2. Escribe una lista de las semejanzas y diferencias entre Bernarda Ruiz y Helen Hunt Jackson. *Comparar y contrastar*

_____

_____

_____

_____

Helen Hunt Jackson viajó por todo el estado para ver qué trato recibían los indígenas de California.

Mary Tape fue una inmigrante china que vivía en San Francisco a fines del siglo XIX. A ella le molestaba que a su hija, que era estadounidense de ascendencia china, no se le permitiera asistir a la escuela pública. La señora Tape y su esposo decían que la ciudad debía cambiar esta regla. Gracias a sus esfuerzos, se creó una escuela para estudiantes chinos y de otros países de Asia.

Mary Tape y su esposo lucharon por lograr un trato justo para los asiaticoamericanos.

En busca de la libertad

Bridget "Biddy" Mason fue otra mujer que hizo algo excepcional. Nació en 1818, en una familia sometida a la esclavitud. La **esclavitud** es una práctica que consiste en ser dueño de otras personas y obligarlas a trabajar sin paga. En 1851, el dueño de Mason la llevó a California, en donde no se permitía la esclavitud. El año anterior, cuando California se había convertido en estado, no se había podido decidir si se debía permitir la esclavitud o no. En esa época, los Estados Unidos estaban formados por quince estados que permitían la esclavitud y quince que no la permitían. La decisión de California eliminaría ese equilibrio.

El Acuerdo de 1850 resolvió este problema. Un **acuerdo** es la solución a un desacuerdo en la que cada parte renuncia a algo de lo que quiere. El Acuerdo de 1850 declaró que California sería un estado libre que no permitiría la esclavitud. Sin embargo, también declaró que los estados libres debían obedecer las leyes sobre esclavos fugitivos. Un **fugitivo** es una persona que trata de escapar de la ley. Las leyes decían que los esclavos fugitivos debían ser capturados y devueltos a sus amos.

Como Biddy Mason vivía en California, un estado libre, pudo solicitar su libertad. **Solicitar** significa pedirle oficialmente a alguien que haga algo. Mason obtuvo la libertad y se convirtió en una propietaria próspera en Los Ángeles.

3. ¿Cómo se convirtió Biddy Mason en una mujer libre?

Idea principal y detalles

_____

_____

_____

_____

Resumen

Durante la Fiebre del Oro también llegaron mujeres a California y lograron cosas excepcionales en la historia de nuestro estado. ¿Cuál fue la contribución de las mujeres al desarrollo de California en el siglo XIX?

Bridget "Biddy" Mason (1818–1891)

Aprende más Después de que Biddy Mason obtuvo su libertad, se trasladó a Los Ángeles. Trabajó duro como enfermera y ahorró dinero hasta que pudo comprar tierras. Se convirtió en una de las primeras mujeres afroamericanas de Los Ángeles en tener propiedades.

Con el dinero que ganó, Mason fundó la primera iglesia afroamericana de Los Ángeles. También hizo donaciones a obras de beneficencia, visitó prisioneros y ayudó a alimentar a los pobres. Debido a su espíritu generoso mucha gente la llamaba "tía Mason" o "abuela Mason".

Usa la información sobre Biddy Mason para contestar las siguientes preguntas:

1. Encierra en un círculo los logros de Biddy Mason que la convirtieron en buen ejemplo para la gente hoy. *Identificar*

2. ¿En qué crees que se diferenciaba la vida de Biddy Mason de la de otras mujeres afroamericanas del siglo XIX? *Analizar*

_____

_____

_____

_____

_____

_____

H-SS 4.3.5 Hablan de cómo California se convirtió en estado y en qué difería su nuevo gobierno del de los períodos español y mexicano.

¿Cómo cambió el gobierno de California?

IMAGINA LA ESCENA Hoy en día, como ciudadano de California, vives en los Estados Unidos, no en México. ¿Sabes cómo se convirtió California en estado?

Vistazo previo
Vocabulario

república *(s.)* tipo de gobierno en el que los ciudadanos eligen líderes para que los representen

constitución *(s.)* plan escrito de gobierno para un país o estado

delegado *(s.)* persona elegida para hablar en nombre de otras

ratificar *(v.)* aprobar de manera oficial

representante *(s.)* persona escogida para actuar en nombre de otras

Actividad de vocabulario Un *antónimo* es una palabra que significa lo opuesto de otra. Encierra en un círculo la palabra del vocabulario de arriba que es el antónimo de *rechazar*.

Personajes

Bennett Riley
Peter H. Burnett

Lectura: Causa y efecto

A medida que leas, hazte preguntas para ayudarte a entender qué hace que las cosas sucedan. Cuando estudies un suceso, pregunta: "¿Qué causó que pasara este suceso? ¿Qué pasó como resultado?" A medida que leas la lección, subraya las oraciones que dicen cuáles fueron los efectos de la llegada tan repentina de estadounidenses a California.

1846 Comienza la Rebelión de la Bandera del Oso. Comienza la Guerra entre Estados Unidos y México.

•Sacramento
Monterey•

Cambios en el gobierno de California

Antes de la Fiebre del Oro estaban sucediendo grandes cambios en California. A principios de la década de 1840, estas tierras formaban parte de México. Sin embargo, algunos colonos estadounidenses que vivían aquí querían que California fuera una república independiente. Una **república** es un tipo de gobierno en el que los ciudadanos eligen líderes para que los representen. De modo que, en 1846, un pequeño grupo de estadounidenses inició una rebelión, o levantamiento, en contra de México. A esta revuelta se le llamó la Rebelión de la Bandera del Oso.

En 1846 hubo una guerra entre México y los Estados Unidos sobre la frontera. Los Estados Unidos ganaron la guerra, y en 1848 México firmó el Tratado de Guadalupe Hidalgo. Los territorios de Nuevo México a California se convirtieron en parte de los Estados Unidos.

1. Causa y efecto **¿Qué efecto tuvo sobre California el fin de la Guerra entre Estados Unidos y México?**

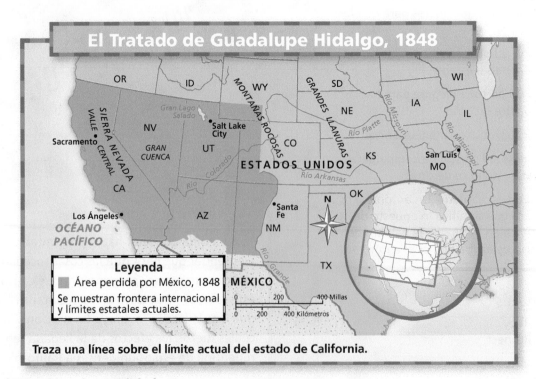

El Tratado de Guadalupe Hidalgo, 1848

Leyenda
 Área perdida por México, 1848
Se muestran frontera internacional y límites estatales actuales.

Traza una línea sobre el límite actual del estado de California.

1848 Termina la Guerra entre Estados Unidos y México.

1849 Los delegados de California redactan la constitución del estado.

1850

La estadidad

Después de que California pasó a formar parte de los Estados Unidos, Bennett Riley fue nombrado gobernador militar del territorio. En 1849, Riley convocó una reunión para crear la constitución del estado. Una **constitución** es un plan escrito para gobernar o dirigir un estado o país. Cuarenta y ocho delegados se reunieron en Monterey para redactar la Constitución de California. Un **delegado** es una persona elegida para hablar en nombre de otras. El 9 de septiembre de 1850, el gobierno de los Estados Unidos decidió **ratificar,** es decir, aprobar oficialmente, la constitución de California. California se convirtió en el estado número treinta y uno de los Estados Unidos.

Cuando California se convirtió en estado, sus habitantes eligieron a Peter H. Burnett como su primer gobernador. Enviaron representantes al Congreso de los Estados Unidos en Washington, D.C. Un **representante** es una persona escogida para actuar en nombre de otras. Sacramento se convirtió en la capital del estado en 1854.

2. ¿Por qué crees que California tenía que redactar una constitución antes de poder convertirse en estado?

Sacar conclusiones

Después de convertirse en estado y antes de establecerse en Sacramento, California trasladó su capital varias veces a lugares como Benicia, que aparece abajo.

Resumen

En la década de 1840, muchas cosas cambiaron en California. Describe los sucesos que hicieron posible que California se convirtiera en estado. Comienza con la Rebelión de la Bandera del Oso.

Los tres gobiernos que tuvo California

Aprende más Cuando vives en un lugar, te riges por las reglas y el gobierno del país que controla esa región. En los últimos 450 años, California ha formado parte de España, México y los Estados Unidos. Cada país gobernó la región de un modo diferente. Por ejemplo, cuando California estaba bajo el dominio español, España era una monarquía. Esto significa que España y todos sus territorios estaban bajo el mando de un rey o reina que pertenecía a una familia de gobernantes. El rey o reina nombraba a un gobernador para que manejara un área o territorio del imperio, como California.

Usa la tabla para contestar las siguientes preguntas:

1. Encierra en un círculo las palabras que indican cómo obtuvo España el control de California. *Resumir*

2. Qué tipo de gobierno ha gobernado a California por más tiempo, ¿una monarquía o una república? *Aplicar*

_____

Los gobiernos de California

País	Años en que ejerció el control	Cómo obtuvo el control	Tipo de gobierno	Jefe de gobierno
España	De 1542 a 1821	Los exploradores españoles reclamaron la región que luego se convirtió en California.	Monarquía	Rey o reina de España
México	De 1821 a 1848	México se independizó de España y asumió el control de California.	De 1821 a 1823: Monarquía De 1824 al 1848: República	Presidente de México
Estados Unidos	De 1848 al presente	Los Estados Unidos ganaron la Guerra entre Estados Unidos y México, y asumieron el control de California.	República	Nivel estatal: Gobernador Nivel nacional: Presidente

Nombre:

Diario de estudio

En esta unidad aprenderás cómo crecieron las industrias de California. También verás cómo se desarrollaron la economía, el gobierno y la cultura desde 1850. Anota la información en estas páginas a medida que leas la unidad.

Lo que sé sobre...

el desarrollo de California:

¿Cómo ha cambiado la tecnología?

Comunicación	Transporte
Pasado	**Pasado**
Presente	**Presente**
Industria	**Servicios**
Pasado	**Pasado**
Presente	**Presente**

Haz un dibujo y escribe sobre el personaje más interesante de la unidad.

Encierra en un círculo uno de los siguientes artículos y escribe dos datos sobre su desarrollo.

- Escuelas
- Gobierno
- Agricultura
- Cultura
- Acueductos
- Inmigración

1. _____
_____
_____

2. _____
_____
_____

Escribe los años y los sucesos en orden en los cuadros de la siguiente línea cronológica.

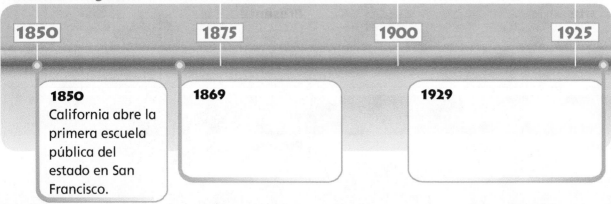

| 1850 | 1875 | 1900 | 1925 |

1850
California abre la primera escuela pública del estado en San Francisco.

1869

1929

He aprendido...

H-SS 4.4.1 Comprenden la historia y la influencia del Pony Express, el servicio de correo terrestre, Western Union y la construcción del ferrocarril transcontinental, al igual que la contribución de los trabajadores chinos a su construcción.

¿Cómo cambió el movimiento de personas y de ideas en California?

IMAGINA LA ESCENA ¿Te puedes imaginar cómo sería tu vida sin la televisión, la radio o la Internet? En el siglo XIX no existía ninguna de estas cosas. Los californianos ni siquiera tenían un servicio constante de correo. ¿Cómo se enteraban de noticias y se mantenían en contacto unos con otros?

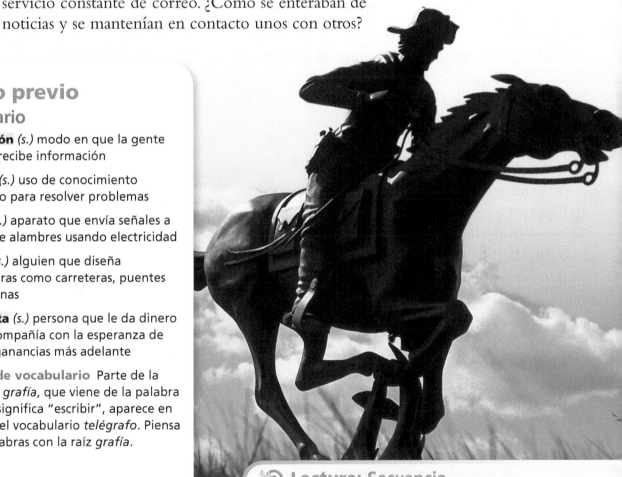

Vistazo previo
Vocabulario

comunicación *(s.)* modo en que la gente envía y recibe información

tecnología *(s.)* uso de conocimiento científico para resolver problemas

telégrafo *(s.)* aparato que envía señales a través de alambres usando electricidad

ingeniero *(s.)* alguien que diseña estructuras como carreteras, puentes y máquinas

inversionista *(s.)* persona que le da dinero a una compañía con la esperanza de recibir ganancias más adelante

Actividad de vocabulario Parte de la palabra raíz *grafía*, que viene de la palabra griega que significa "escribir", aparece en la palabra del vocabulario *telégrafo*. Piensa en otras palabras con la raíz *grafía*.

Personajes

John Butterfield	Charles Crocker
Samuel Morse	Collis Huntington
Theodore Judah	Mark Hopkins
Leland Stanford	

Lectura: Secuencia

Los escritores presentan información en una *secuencia*, o cierto orden. A veces usan fechas o palabras de secuencia como *primero, luego* y *finalmente* para mostrar el orden en que ocurren las cosas. A medida que leas, busca las fechas que te ayudan a seguir el orden de los sucesos importantes en California.

1858 Llega a California la Compañía de Correo Terrestre Butterfield.

La lejana California

Cuando California se convirtió en estado en 1850, poca gente vivía entre California y el río Mississippi. La distancia entre nuestro estado y el resto del país hacía que viajar a California fuera difícil. La comunicación también lo era. La **comunicación** es el modo en que la gente envía y recibe información. El contacto mejoró durante las décadas de 1850 y 1860 debido a la tecnología. La **tecnología** es el uso de conocimiento científico para resolver problemas. Como resultado, la comunicación entre California y otros estados llegó a ser más rápida.

La comunicación con California

El primer servicio constante de correo terrestre en llegar a California fue la Compañía de Correo Terrestre Butterfield. Fue fundado en 1858 por John Butterfield. El servicio transportaba correo y pasajeros en diligencias, que eran carruajes cerrados tirados por caballos. El correo tardaba unos veinticuatro días en recorrer las 2,800 millas entre los pueblos cercanos al río Mississippi y San Francisco.

Otro servicio importante de correo era el Pony Express. Comenzando en abril de 1860 los jinetes transportaban el correo entre St. Joseph, Missouri, y Sacramento. Primero, un jinete llevaba el correo unas 12 millas. Luego, cambiaba de caballo y cabalgaba otras 12 millas. Después de que había recorrido unas 75 millas, otro jinete lo reemplazaba. El correo viajaba un promedio de 200 millas diarias y tardaba 9 ó 10 días en llegar a California.

1. **¿Cuándo llegó a ser más fácil viajar a California y comunicarse con las personas que vivían aquí?**

Idea principal y detalles

_____

_____

_____

2. Secuencia **Subraya la secuencia de sucesos para un jinete del Pony Express.**

Varios servicios terrestres transportaban el correo al Oeste a finales del siglo XIX.

1860

1861 Llega el servicio de telégrafo a California y se suspende el Pony Express.

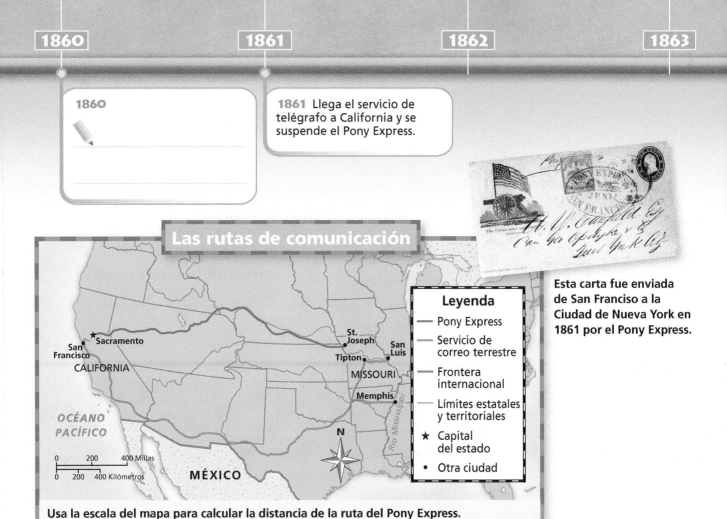

Esta carta fue enviada de San Franciso a la Ciudad de Nueva York en 1861 por el Pony Express.

Las rutas de comunicación

Leyenda
— Pony Express
— Servicio de correo terrestre
— Frontera internacional
— Límites estatales y territoriales
★ Capital del estado
• Otra ciudad

Sacramento
San Francisco
CALIFORNIA
St. Joseph
San Luis
Tipton
MISSOURI
Memphis
OCÉANO PACÍFICO
Río Mississippi
N

0   200   400 Millas
0   200   400 Kilómetros

MÉXICO

Usa la escala del mapa para calcular la distancia de la ruta del Pony Express.

La comunicación mejora

Sólo pasaron dieciocho meses antes de que el Pony Express fuera reemplazado por una tecnología nueva llamada el telégrafo. El **telégrafo** es un aparato que envía señales a través de alambres usando electricidad. Samuel Morse creó un telégrafo en la década de 1830, pero éste no se usó en California hasta la década de 1860. La compañía de telégrafo Western Union construyó la primera línea telegráfica transcontinental. Algo *transcontinental* cruza un continente, como América del Norte. La línea comenzó a enviar mensajes entre San Francisco y la costa este en octubre de 1861.

3. ¿Por qué crees que el telégrafo reemplazó el Pony Express?

Sacar conclusiones

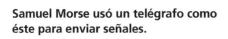

Samuel Morse usó un telégrafo como éste para enviar señales.

1865 La construcción del ferrocarril transcontinental comienza desde Omaha.

El ferrocarril transcontinental

El telégrafo permitió que la comunicación con California fuera más rápida y sencilla, pero llegar aquí todavía tomaba demasiado tiempo. Eso cambiaría pronto, gracias a un joven ingeniero de ferrocarriles llamado Theodore Judah. Un **ingeniero** es alguien que diseña estructuras como carreteras, puentes y máquinas. Judah estaba construyendo vías de ferrocarril cerca de Sacramento en la década de 1850, pero tenía un sueño más grande. Pensaba que los Estados Unidos deberían tener un sistema transcontinental de ferrocarriles, es decir, uno que atravesara el país. Ya había servicio de ferrocarril por todo el Este, pero no lo había desde el centro del país hasta la costa oeste.

Los comienzos del ferrocarril

Para construir su ferrocarril, Judah necesitaba **inversionistas,** es decir, personas que le dan dinero a una compañía con la esperanza de obtener ganancias más adelante. Conoció a cuatro hombres que querían invertir en su plan. A Leland Stanford, Charles Crocker, Collis Huntington y Mark Hopkins se les llegó a conocer como los "Cuatro Grandes". Fundaron el ferrocarril Central Pacific. La construcción del ferrocarril comenzó el 8 de enero de 1863. Los obreros tendieron rieles hacia el este desde Sacramento. En 1865 la compañía Union Pacific comenzó a tender rieles hacia el oeste desde Omaha, Nebraska.

4. ¿Por qué crees que el ferrocarril de Theodore Judah se llamó ferrocarril "transcontinental"?

Sacar conclusiones

5. ¿Qué impacto tuvieron los "Cuatro Grandes" en la transportación en los Estados Unidos? *Sacar conclusiones*

1869 Se completa la construcción del ferrocarril transcontinental.

Miles de trabajadores vinieron a California a trabajar en el ferrocarril transcontinental.

Los trabajadores del ferrocarril

Hacían falta muchos obreros para construir el ferrocarril transcontinental. Al principio, la compañía Central Pacific no tenía suficientes trabajadores. En 1865, comenzaron a contratar a inmigrantes chinos que estuvieran dispuestos a venir a trabajar a California.

Cerca de 10,000 trabajadores chinos vinieron a ayudar en la construcción del ferrocarril Central Pacific. Construyeron las vías que atraviesan la Sierra Nevada cavando túneles y usando explosivos para derribar las laderas de las montañas. Los chinos trabajaban largas jornadas bajo la superficie de la tierra. Era un trabajo peligroso y muchos de ellos murieron. Mientras tanto, otros trabajadores, entre ellos muchos inmigrantes irlandeses, tendían las vías de la Union Pacific hacia el oeste a través de las Grandes Llanuras.

Finalmente, el 10 de mayo de 1869, las dos vías se unieron en Promontory, Utah. Un clavo de oro conectó el último tramo de las vías. Por fin, la línea del ferrocarril se había terminado. Desafortunadamente, Theodore Judah falleció en 1863 y nunca vio su sueño realizado.

6. **Subraya en el texto los detalles que describen lo que hacía que el trabajo en las vías férreas de la Sierra Nevada fuera peligroso.**

Idea principal y detalles

Resumen

Las nuevas tecnologías facilitaron el transporte de noticias, personas y productos entre California y el resto del país. Describe cómo las tecnologías del transporte y de la comunicación fortalecieron la conexión de California con el resto del país.

Artefactos: Horario de trenes

Aprende más Como ya sabes, los documentos y las fotografías pueden ser fuentes primarias. Se originaron en el momento en que sucedió algo. Los horarios son artefactos que también pueden ser fuentes primarias. ¿Alguna vez has consultado un horario de trenes para saber cuándo llega o sale el próximo tren?

En el siglo XIX, las personas también usaban horarios de trenes. El siguiente horario muestra las llegadas y salidas del ferrocarril Central Pacific entre Sacramento y Newcastle. Esta ruta fue una de las primeras secciones del ferrocarril transcontinental en ponerse en funcionamiento. Usa el horario de trenes para contestar las siguientes preguntas.

CENTRAL PACIFIC RAILROAD.
NO. 1, TIME CARD NO. 1.
To take effect Monday June 6th, 1864, at 5 A. M.

TRAINS EASTWARD.					TRAINS WESTWARD.		
Frt and Pass No 3	Frt and Pass No 2	Pass & Mail. No 1.	STATIONS.		Frt and Pass No 1	Pass & Mail No 2.	Frt and Pass No 3
5 P M leave	1 P M leave	6.15 A M, L	Sacramento.........		8.45 A M arr	12 M arr.	6.40 P M ar.
5.50 } 5.55 } mt frt	2.15	3.55.........	18 Junction...............	18	3................	11.20	5.55 } 5.50 } mt. Ft
6.09.........	2.38.........	7.05.........	22 Rocklin.	4	7.40.........	11.07.........	5.37.........
6.22.........	2.55.........	7.15 meet F.	25 Pino.	3	7.15 mt pass	10.56.........	5.25.........
6.40.........	3.30 P M arr	7.30 A M arr	31 Newcastle.........	6	3.45 A M, L	10.30 A M, L	5 P M, L.........

Trains No. 2 and 3 east, and 1 and 3 west, daily, except Sunday.
Trains No. 1 east and 2 west, daily.

LELAND STANFORD, President.

1. En el horario, encierra en un círculo la fecha en que comenzó el servicio. Dibuja una estrella al lado del nombre de uno de los "Cuatro Grandes". *Identificar*

2. Si salieras en el Tren No. 1 de Sacramento hacia el este *(eastward)*, ¿a qué hora llegarías a la estación de Rocklin? *Interpretar*

_____

H-SS 4.4.2 Explican cómo la Fiebre del Oro cambió la economía de California, en especial los tipos de productos que se producían y se consumían; los cambios en las ciudades (Sacramento, San Francisco, por ejemplo), y los conflictos económicos de los diversos grupos de personas.

¿Cómo cambió la Fiebre del Oro la economía de California?

IMAGINA LA ESCENA En un día común y corriente de 1848, James Marshall encontró oro en el río Americano. Más tarde, escribió: "Me llamó la atención algo que brillaba en el fondo del arroyo... Mi corazón comenzó a latir rápidamente, porque estaba seguro de que era oro". ¿Cómo cambió el descubrimiento del oro la economía de California?

Vistazo previo
Vocabulario

importar *(v.)* traer algo desde otro país o región para venderlo

producto *(s.)* algo que se fabrica, se cultiva o se extrae de la naturaleza para venderlo

comerciante *(s.)* alguien que compra y vende bienes

diversidad *(s.)* muchas personas o cosas diferentes

discriminación *(s.)* tratar a alguien de una manera diferente e injusta en comparación con la forma en que se trata a otra persona

exportar *(v.)* enviar algo a otro país u otra región para venderlo

Actividad de vocabulario La palabra raíz *portar* significa "llevar o traer". ¿Cómo te ayuda esto a entender la definición de *importar* en el vocabulario de arriba?

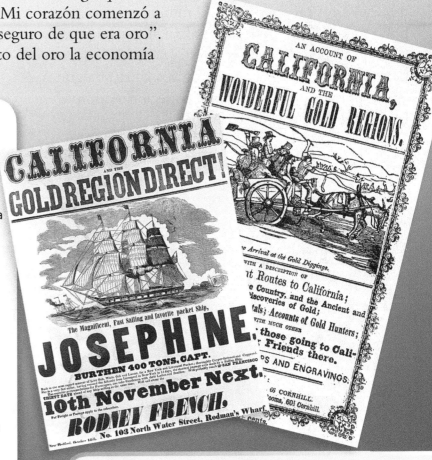

Lectura: Hecho y opinión

Un *hecho* es algo que por lo general se cree que es verdadero. Una *opinión* es la creencia o el juicio de una persona. Es importante saber la diferencia entre hechos y opiniones para poder entender el propósito de un autor. Fíjate en los anuncios arriba. Encierra en un círculo las palabras que indican opiniones.

La economía cambiante de California

La economía de California creció rápidamente durante la Fiebre del Oro. Antes de 1848 había pocos negocios. Se importaban muchos de los productos que la gente necesitaba. **Importar** significa traer algo desde otro país o región para venderlo. Pero durante la Fiebre del Oro, los mineros necesitaban herramientas, tiendas de campaña y ropa resistente. Un **producto** es algo que se fabrica, se cultiva o se extrae de la naturaleza para venderlo. Los comerciantes ofrecían estos productos para la minería a la creciente población. Un **comerciante** es alguien que compra y vende bienes. Para satisfacer estas necesidades, las personas en California comenzaron a fabricar algunos de sus propios productos. También se abrieron hoteles, lavanderías, restaurantes y bancos.

1. Usa hechos del texto para apoyar el siguiente enunciado: "La Fiebre del Oro cambió la economía de California". *Hecho y opinión*

En 1849, San Francisco era un pueblo con pocas casas y pocos negocios.

El crecimiento de pueblos y ciudades

Como ya sabes, la Fiebre del Oro de 1849 causó que la población de las ciudades de California aumentara enormemente. Entre 1848 y 1849 la población de San Francisco aumentó de 800 a 25,000.

Sacramento se convirtió en un importante centro comercial de productos agrícolas y más tarde en un centro de transporte y comunicaciones. Entre 1870 y 1900, la población de Sacramento aumentó de 16,000 a 29,000.

La población de Los Ángeles también aumentó muchísimo. En 1850 vivían allí cerca de 1,600 personas y la ciudad creció lentamente en los veinte años siguientes. En las décadas de 1870 y 1880, el servicio del tren llegó hasta el sur de California. Esto facilitó los viajes entre el sur de California y el resto del país. Comenzó a llegar gente del Este y del Medio Oeste a Los Ángeles. En el año 1900, más de 100,000 personas vivían en Los Ángeles.

En el año 1870, San Francisco ya era una ciudad animada.

2. 🔄 Secuencia **Completa la tabla para mostrar el aumento en la población en Sacramento y Los Ángeles a finales del siglo XIX. Encierra en un círculo la ciudad que tuvo el mayor aumento.**

SACRAMENTO	LOS ÁNGELES
1850	
	Población
1860	
1870	
Población	
1880	
1890	
1900	
Población	**Población**

Diferentes grupos en California

En el siglo XIX, la población de California comenzó a reflejar mucha diversidad. La **diversidad** consiste en muchas personas o cosas diferentes. Llegaron a trabajar y a vivir aquí personas de países como México, China, Irlanda, Alemania, Italia, Escandinavia y Rusia. La vida de muchos de estos grupos era difícil. Los salarios eran bajos y había mucha discriminación. La **discriminación** consiste en tratar a alguien de una manera diferente e injusta en comparación con la forma en que se trata a otra persona. La discriminación en California estaba dirigida principalmente hacia los inmigrantes chinos y mexicanos.

A mediados y finales del siglo XIX, muchos granjeros japoneses llegaron a California en busca de trabajo. Ellos eran buenos agricultores y tuvieron mucho éxito. Otros granjeros creían que el éxito de las granjas japonesas perjudicaba su negocio, de modo que en 1913 el estado aprobó una ley que les prohibía a los inmigrantes japoneses comprar tierras.

3. ¿Qué problemas les hacían la vida más difícil a los grupos de gente que vinieron aquí de otros países? *Idea principal y detalles*

_____

_____

_____

Los granjeros japoneses sembraban cultivos, como el de fresas que se observa en esta fotografía.

A finales del siglo XIX, la economía agrícola de California estaba en auge.

El auge de la agricultura

La agricultura en California también cambió después de la Fiebre del Oro. ¿Por qué? Porque durante la Fiebre del Oro, la población del estado aumentó y era necesario producir más alimentos. Además, cuando llegó a su fin, los mineros comenzaron a buscar otros trabajos y muchos se convirtieron en agricultores. Hacia 1860, la cantidad de granjas había aumentado a casi 19,000.

Como California tiene un clima cálido y soleado y un suelo fértil, en sus tierras se pueden sembrar muchas cosechas. A principios de la década de 1860, los granjeros comenzaron a sembrar trigo, que fue el principal producto de granja hasta la década de 1890. El negocio de los cítricos, que incluía naranjas y limones, comenzó en la década de 1870. Para esa época, el ferrocarril transcontinental les permitió a los granjeros californianos exportar sus cosechas al Medio Oeste y el Este. **Exportar** significa enviar algo a otro país u otra región para venderlo. Las exportaciones ayudaron a expandir los negocios de los agricultores. Hacia el año 1900 California era un productor principal de manzanas, albaricoques, cerezas, duraznos, peras y ciruelas.

2. En el texto, encierra en un círculo los detalles que describen por qué la agricultura cambió después de la Fiebre del Oro.

Idea principal y detalles

El cultivo y la venta de frutas se convirtió en un negocio importante en California, como se ve en estos anuncios de alrededor de 1900.

Resumen

Aunque la Fiebre del Oro de 1849 terminó al cabo de un tiempo, la gente de California encontró otras formas de ganar dinero. Describe cómo influyó la Fiebre del Oro en la economía de California.

Las gráficas lineales

Aprende más Una gráfica lineal es una manera de presentar información visualmente. Es una forma útil de mostrar cómo cambia cierta información a través del tiempo. Las gráficas también pueden ayudar a los gobiernos a mantener un registro de ciertos hechos, como el aumento de la población, a través del tiempo.

La siguiente gráfica lineal muestra cómo aumentó la población de San Francisco desde 1850 hasta 1900. Los números de la parte inferior son los años. Los de la izquierda indican la población. Los puntos muestran el número de habitantes que había en un año determinado. La línea que conecta los puntos muestra cómo la población ha cambiado a través de los años.

Inténtalo

Usa la gráfica para contestar las siguientes preguntas.

1. ¿Aproximadamente cuántas personas vivían en San Francisco en 1850? *Identificar*

_____

2. Subraya el año en que la población de San Francisco llegó a 150,000. *Interpretar*

3. Encierra en un círculo el punto de la gráfica en que se duplicó la población que San Francisco tenía en 1870. *Analizar*

4. ¿Aproximadamente cuántas personas más vivían en San Francisco en 1900 que en 1860? *Analizar*

_____

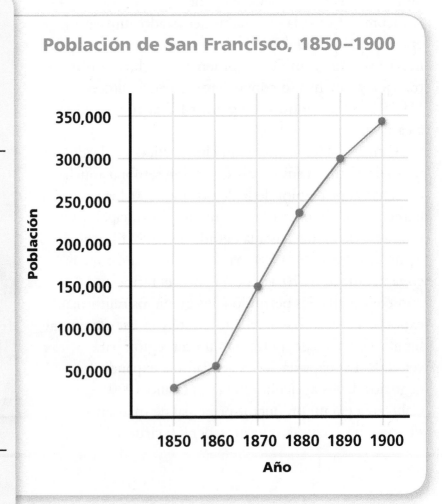

Población de San Francisco, 1850–1900

H-SS 4.4.3 Hablan de la inmigración y la migración hacia California entre 1850 y 1900, de la diversidad de los recién llegados, de sus países de origen y su ubicación relativa, y de los conflictos y acuerdos que se dieron entre los diversos grupos (la Ley de Exclusión de los Chinos de 1882, por ejemplo).

¿Cómo afectaron a nuestro estado las diferentes personas que llegaron?

IMAGINA LA ESCENA Mira a tu alrededor en tu vecindario o en el salón de clase. ¿Ves personas de diferentes orígenes? Durante y después de la Fiebre del Oro, muchas personas de todo el mundo vinieron a California. ¿Cómo ayudó su diversidad a formar nuestro estado?

Vistazo previo
Vocabulario

ocupante ilegal *(s.)* persona que se asienta en un terreno que no le pertenece

huelga *(s.)* cuando los trabajadores se niegan a hacer su trabajo hasta que se cumplan sus demandas

exclusión *(s.)* acción de mantener afuera algo o a alguien

Actividad de vocabulario El prefijo *ex-* significa "afuera". ¿Cómo te ayuda esto a entender la definición de *exclusión*?

Lectura: Secuencia

Recuerda que los escritores con frecuencia usan palabras de *secuencia* o fechas para ayudar a aclarar el orden en que ocurren las cosas. A medida que leas la página 104, encierra en un círculo las fechas en el primer párrafo para que puedas seguir la secuencia.

La inmigración desde 1850 hasta la década de 1890

Como ya sabes, la Fiebre del Oro provocó un crecimiento enorme de la población de California. En la década de 1840, había unas 15,000 personas viviendo aquí además de los indígenas de California. Para 1850, habían llegado unas 77,600 personas más. En 1860, la población ya había llegado a 380,000.

La gente llegó a California de todas partes. En 1848, algunas personas llegaron de territorios o estados de EE.UU. Muchas otras eran inmigrantes, es decir, personas de otros países. Gente de América del Sur vivía junto a europeos de Italia, Irlanda, Alemania y Rusia. La inmigración desde China también aumentó después de 1850. Hacia la década de 1870, había más de 49,000 chinos viviendo aquí. En ese entonces, los chinos y los irlandeses eran los dos grupos más grandes de inmigrantes en California.

Los inmigrantes enfrentan desafíos

La vida de los inmigrantes era difícil. Por ejemplo, no era fácil para ellos comprar tierras. A finales del siglo XIX, muchos chinos se vieron obligados a dejar sus granjas y a vivir en "barrios chinos" en las ciudades. Del mismo modo, muchas familias mexicanas que habían vivido en California por generaciones perdieron sus tierras a manos de ocupantes ilegales. Un **ocupante ilegal** es una persona que se asienta en un terreno que no le pertenece.

1. Secuencia **Usa fechas para describir la inmigración de diferentes grupos a California.**

_____

_____

_____

_____

Algunos inmigrantes vinieron a California en la segunda mitad del siglo XIX huyendo de las dificultades que sufrían en sus países de origen.

Miles de inmigrantes chinos vinieron a California en busca de trabajo.

A menudo los inmigrantes tenían dificultad en encontrar empleo. Tenían que aceptar empleos que no pagaban bien. Muchas veces eran tratados injustamente en el trabajo. En 1867, cerca de 2,000 trabajadores chinos del ferrocarril entraron en **huelga,** es decir, se negaron a hacer su trabajo hasta que se cumplieran sus demandas. Querían recibir el mismo trato que se daba a los demás trabajadores, como el mismo sueldo y las mismas horas de trabajo. Sin embargo, la huelga china del ferrocarril fracasó.

Muchos inmigrantes enfrentaron leyes injustas. En 1850, el impuesto a los mineros extranjeros obligaba a los inmigrantes a pagar veinte dólares mensuales por trabajar en las minas. Muchos de ellos no podían pagar el impuesto y tuvieron que dejar de trabajar en la minería. En 1882, la Ley de Exclusión de los Chinos discriminó a los trabajadores chinos y detuvo su inmigración a los Estados Unidos. **Exclusión** es la acción de mantener afuera algo o a alguien. Esta ley duró hasta 1943.

2. En 1867, ¿cómo defendieron sus derechos algunos trabajadores chinos del ferrocarril?

Idea principal y detalles

_____

_____

_____

Resumen

Entre 1850 y 1890, inmigrantes de todas partes del mundo vinieron a California. Muchos de ellos se enfrentaron a dificultades y discriminación. Describe cómo era la vida de los inmigrantes que llegaron a California desde mediados hasta finales del siglo XIX.

Documentos: Ley de Exclusión de los Chinos

Aprende más Los documentos son fuentes primarias. Un documento de una ley es la legislación oficial que ha sido aprobada por el gobierno. La Ley de Exclusión de los Chinos de 1882 puso fin a la inmigración de los chinos a los Estados Unidos. Ésta fue la primera ley importante en la historia de los EE.UU. en limitar la inmigración de personas libres. También excluía a los inmigrantes chinos de convertirse en ciudadanos de los EE.UU. Lee la introducción a la ley y luego contesta las siguientes preguntas.

1. Encierra en un círculo las palabras en el documento que significan que "algo llega a su fin". *Aplicar*

2. ¿Por qué crees que el Congreso aprobó esta ley? ¿Crees que la ley era justa? *Analizar*

_____

_____

_____

_____

_____

_____

_____

"Que se apruebe [que se haga ley] por el Senado y la Cámara de Representantes de los Estados Unidos de América en Congreso reunidos, que desde y después de la expiración [fin] de los noventa días que siguen la aprobación de esta ley, y hasta la expiración de diez años después de la aprobación de esta ley, la entrada de los obreros [trabajadores] chinos a los Estados Unidos será, y es ahora, suspendida [terminada]; y durante dicha suspensión no será legal que ningún obrero chino entre, o, si ha entrado después de la expiración de dichos noventa días, que se quede en los Estados Unidos."

Nombre:

H-SS 4.4.4 Describen la rápida inmigración a los Estados Unidos, la migración interna, el asentamiento y el crecimiento de pueblos y ciudades (de Los Ángeles, por ejemplo).

¿De qué manera han contribuido la inmigración y el asentamiento al crecimiento de California?

IMAGINA LA ESCENA A principios del siglo XX, la población de California siguió aumentando. Llegaba aún más gente de todas partes del mundo. Muchas personas esperaban encontrar trabajo en las nuevas fábricas y en las grandes granjas de nuestro estado. ¿Cómo transformaron a California todas estas personas?

Vistazo previo
Vocabulario

trabajador itinerante *(s.)* alguien que se muda constantemente de un lugar a otro para realizar un trabajo

Actividad de vocabulario ¿En qué se parecen las palabras *itinerario,* que significa "descripción de una ruta o recorrido", e *itinerante*? Subraya las palabras de la definición de *itinerario* y de *trabajador itinerante* que son similares.

Lectura: Idea principal y detalles

Buscar la *idea principal* te ayudará a entender de qué trata un párrafo o una selección. Otras oraciones del párrafo incluyen *detalles* que te dicen más sobre la idea principal. A medida que leas esta lección, encierra en un círculo la idea principal de cada párrafo.

Personajes

César Chávez
Dolores Huerta

El crecimiento de la población en el siglo XX

La población de California aumentó rápidamente en la primera mitad del siglo XX. Pasó de 1.5 millones de personas en 1900 a 5.7 millones en 1930. Este crecimiento se debió a varias razones. En primer lugar, el costo del viaje en tren disminuyó, con lo cual viajar a California era mucho más barato. A principios del siglo XX, los automóviles se volvieron muy importantes. Como mucha gente viajaba a California en carro, la población del estado aumentó todavía más. La gente venía en busca de trabajo, pero también por el clima cálido y soleado del sur de California.

El crecimiento de Los Ángeles

En Los Ángeles también hubo un enorme boom de población a principios del siglo XX. En 1930 era de unos 1.2 millones, más de diez veces mayor de la que tenía en 1900. Este aumento se debió al crecimiento económico de varios sectores. Uno de ellos era el sector agrícola. La agricultura aumentó porque la irrigación les permitió a los granjeros sembrar cultivos en las áreas desérticas del sur de California. Otro sector que creció económicamente fue la industria del petróleo. En la década de 1890 se descubrió petróleo en California. Luego se descubrió aún más petróleo en la década de 1920. También en esta década la filmación de películas se convirtió en una de las industrias más importantes de California. Atrajo más empleos, dinero y turistas a la zona de Los Ángeles.

1. ¿Por qué creció California tan rápidamente a principios del siglo XX? *Idea principal y detalles*

_____

_____

_____

_____

2. Subraya en el texto las causas del repentino crecimiento de la población en la zona de Los Ángeles a comienzos del siglo XX. *Causa y efecto*

En California se han filmado películas desde comienzos del siglo XX.

Los trabajadores itinerantes a menudo van de granja en granja cosechando los cultivos de cada temporada.

Los trabajadores de las grandes granjas

California tiene muchas granjas grandes que emplean **trabajadores itinerantes,** es decir, personas que se mudan constantemente de un lugar a otro para realizar un trabajo. Sin su ayuda, muchos granjeros de California tal vez no podrían administrar granjas tan grandes. Cuando comenzó la industria de los cítricos a finales del siglo XIX, muchos chinos, y luego muchos japoneses y mexicanos, trabajaban por poco dinero en los campos de cítricos, o cultivos de árboles frutales.

En la década de 1960, los líderes César Chávez y Dolores Huerta exigieron mejores salarios y condiciones laborales para los trabajadores itinerantes. Organizaron a los obreros, o trabajadores de granjas, para que se unieran y lucharan por lograr estos cambios. Por ejemplo, un grupo de recolectores de uva inició una huelga para mejorar sus condiciones de trabajo. Esfuerzos como éstos ayudaron a la gente de todo el país a darse cuenta del trato tan injusto que recibían los trabajadores itinerantes.

3. ¿Qué efecto han tenido los trabajadores itinerantes en la industria de cítricos de California? *Idea principal y detalles*

Resumen

Varios factores provocaron el boom de la población de California en el siglo XX. ¿Por qué vino mucha gente a California en la primera mitad del siglo XX?

César Chávez (1927–1993)
Dolores Huerta (n. 1930)

Aprende más César Chávez pasó la mayor parte de su vida entre trabajadores itinerantes. Su familia trabajaba en granjas y tenía que mudarse a menudo. Por eso, él no siempre podía asistir a la escuela. Entró en la Marina de los Estados Unidos de adolescente, pero después volvió a trabajar en granjas. Más tarde, se dedicó a mejorar la vida de los trabajadores itinerantes. Su trabajo lo hizo merecedor de la Medalla Presidencial de la Libertad.

Dolores Huerta también quería mejorar la vida de los trabajadores de granjas. Su padre había sido trabajador itinerante. Huerta y Chávez fundaron la Asociación Nacional de Trabajadores Agrícolas (NFWA, por sus siglas en inglés) en 1962. La NFWA más tarde pasó a formar parte de los Trabajadores Agrícolas Unidos de América (UFW, por sus siglas en inglés). La NFWA ayudó a los trabajadores de granjas a obtener más poder. Lograron obtener mejores salarios y condiciones laborales al enfrentarse unidos a los dueños de las granjas.

Usa el texto para contestar las siguientes preguntas.

1. Subraya lo que hicieron juntos César Chávez y Dolores Huerta. *Identificar*

2. ¿Cómo ayudó la NFWA a los trabajadores de granjas? *Analizar*

_____

_____

_____

H-SS 4.4.5 Hablan de los efectos en California de la Gran Depresión, el Dust Bowl y la Segunda Guerra Mundial.

¿Qué papel desempeñó California en el siglo XX?

IMAGINA LA ESCENA Durante la primera mitad del siglo XX ocurrieron cambios enormes en los Estados Unidos. Durante la década de 1920 los negocios prosperaron y había muchos empleos. Sin embargo, la Gran Depresión y la Segunda Guerra Mundial trajeron tiempos difíciles en las décadas de 1930 y 1940. ¿Cómo afectaron estos sucesos a California?

Vistazo previo
Vocabulario

bolsa de valores *(s.)* negocio de comprar y vender acciones de compañías

depresión *(s.)* período en el que hay poca actividad en los negocios y muchas personas no tienen trabajo

sequía *(s.)* período largo en que no llueve

inflación *(s.)* aumento de precios

racionar *(v.)* dar a la gente sólo una cantidad limitada de algo porque no hay suficiente

Actividad de vocabulario Escribe la palabra del vocabulario de arriba que completa mejor la siguiente oración.

Las plantas se secaron y se pusieron marrón durante la _____

Personajes
Franklin D. Roosevelt

Lectura: Causa y efecto

A medida que leas, hazte preguntas para entender por qué suceden las cosas: *¿Qué hizo que esto pasara? ¿Qué sucedió como resultado?* En la página 112, encierra en un círculo las palabras clave que indican causa y efecto como: *así que, como resultado, provocó* y *por lo tanto*.

▷

Dust
Bowl

Tiempos difíciles en todo el país

Los estadounidenses habían disfrutado el crecimiento de negocios y empleos durante la década de 1920, pero esas buenas épocas pronto dieron paso a tiempos difíciles. En 1929, la bolsa de valores se desplomó. La **bolsa de valores** es el negocio de comprar y vender acciones de compañías. La quiebra de la bolsa fue el comienzo de la Gran Depresión. Una **depresión** es un período en el que hay poca actividad en los negocios y muchas personas no tienen trabajo. A través de todo el país, muchos negocios y bancos tuvieron que cerrar. Algunas personas perdieron su trabajo, ahorros, granjas y casas. Los precios bajaron, así que a los granjeros les costaba más recoger las cosechas que lo que valían las mismas. Como resultado, no se recogieron muchas cosechas de frutas y verduras y se pudrieron en los campos.

La falta de empleos provocó conflictos entre los californianos. Algunas personas culpaban a los inmigrantes por las dificultades. Creían que los inmigrantes les estaban quitando empleos. Por lo tanto, el estado obligó a muchas personas de México y de otros países a irse de California.

1. ¿Cómo afectó a California y a los Estados Unidos la Gran Depresión? *Causa y efecto*

WHY CAN'T YOU GIVE MY DAD A JOB?

Millones de personas perdieron su empleo durante la Gran Depresión.

UNEMPLOYED BUY APPLES 5¢ EACH

Durante la Gran Depresión, muchas granjas, como ésta en Idaho, fracasaron y fueron abandonadas.

1929 La quiebra de la bolsa de valores marca el comienzo de la Gran Depresión.

DÉCADA DE 1930 La sequía en el Suroeste y en partes del Medio Oeste forma el Dust Bowl.

En busca de una vida mejor

En la década de 1930 más de un millón de personas de otras partes del país vinieron a California porque creían que podrían encontrar trabajo y una vida mejor aquí.

Muchas de ellas vinieron al Oeste como resultado de una gran sequía en el Medio Oeste y el Suroeste. Una **sequía** es un período largo en que no llueve. La sequía creó una zona llamada Dust Bowl en algunas regiones de Colorado, Kansas, Nuevo México, Oklahoma y Texas. Los intensos vientos provocaron enormes tormentas de polvo en estas zonas. La tierra estaba tan seca a causa de la sequía que con el viento se levantaba de los campos, llenaba el aire, y luego volvía a acumularse sobre el suelo en capas gruesas. Como resultado de la sequía, los granjeros no podían sembrar sus cosechas. Mucha de la maquinaria de las granjas se estropeó y algunos animales murieron.

Muchos granjeros del Dust Bowl tuvieron que abandonar sus hogares. Miles de familias empacaron sus pertenencias y se trasladaron a California. La mayoría sólo pudo encontrar empleos como trabajadores itinerantes, recogiendo cosechas a cambio de poco dinero.

2. ¿Qué efecto tuvo el Dust Bowl en el crecimiento de la población de California? Usa detalles del texto para apoyar tu respuesta.

Idea principal y detalles

A menudo llegaban a California familias de los estados del Dust Bowl con la esperanza de encontrar empleo y una vida mejor.

CALIFORNIA

Pearl
Harbor ■

Los trabajadores de California durante la guerra

Después de muchos años difíciles, la Gran Depresión de los Estados Unidos llegó a su final. En 1939 la Segunda Guerra Mundial comenzó en Europa. Cuando los Estados Unidos entraron al conflicto en 1941, se necesitaban provisiones de guerra. El presidente Franklin D. Roosevelt le pidió al gobierno de los EE.UU. que invirtiera grandes sumas de dinero en estas provisiones. Esta inversión ayudó a crear nuevos empleos.

Los trabajadores de California de las plantas aeronáuticas y de los astilleros, lugar donde se construyen y reparan barcos, ayudaron mucho a nuestro país durante la Segunda Guerra Mundial. El clima soleado de California la convertía en el lugar perfecto para poner a prueba los aviones. Además, la bahía de San Francisco se convirtió en uno de los más grandes centros de fabricación de barcos del mundo. Los trabajadores del Astillero Naval de la Isla Mare construyeron submarinos, buques de guerra y otros barcos.

Las dificultades en época de guerra

Cientos de miles de personas se trasladaron a California en la década de 1940 a buscar empleos durante la guerra. Sin embargo, el súbito boom de población causó algunas dificultades. Las escuelas se llenaron. Productos como la carne, el queso, el café, el azúcar, la gasolina y las llantas comenzaron a escasear. También aumentó la inflación. La **inflación** es el aumento de precios. Para detenerla, el gobierno racionó algunos productos como la mantequilla y la gasolina. **Racionar** es dar a la gente sólo una cantidad limitada de algo porque no hay suficiente.

3. **¿Cómo ayudó California al país durante la Segunda Guerra Mundial?** *Idea principal y detalles*

Muchas mujeres de California fueron a trabajar en las fábricas para ayudar a construir aviones para la guerra.

4. **¿Qué provocó que el gobierno decidiera racionar los bienes?**

Causa y efecto

1941 Los Estados Unidos entran a la Segunda Guerra Mundial después de que los japoneses bombardean Pearl Harbor.

1945 Termina la Segunda Guerra Mundial.

Los japoneses americanos a menudo construían jardines con rocas en los campos de reclusión.

Durante la Segunda Guerra Mundial, familias enteras de japoneses americanos fueron detenidas en campos como éste en Manzanar, California.

Campos de reclusión

La Segunda Guerra Mundial tuvo otros efectos negativos sobre la vida en California. El 7 de diciembre de 1941 unos aviones japoneses bombardearon barcos de la Marina de los EE.UU. en Pearl Harbor, Hawai. Como resultado, los EE.UU. le declararon la guerra a Japón. Algunas personas temían que los japoneses y los japoneses americanos en los EE.UU. apoyaran a Japón en la guerra. El presidente Roosevelt ordenó que cerca de 120,000 japoneses y japoneses americanos fueran enviados a campos de reclusión. Un campo de reclusión es un lugar en donde se detiene a gente en contra de su voluntad, generalmente durante una guerra.

Dos campos de reclusión en California eran el Centro de Reubicación de Guerra del Lago Tule, cerca de Oregón, y el Centro de Reubicación de Guerra Manzanar, cerca de Independence. Más de 18,000 personas fueron detenidas en Tule. Otras 11,000 fueron detenidas en Manzanar. Los campos tenían cercas de alambre de púas y torres de vigilancia. Muchas de las personas en los campos eran ciudadanos estadounidenses. Cuando los liberaron en 1945, al terminar la guerra, la mayoría de ellos habían perdido sus casas y los negocios que tenían antes de la guerra.

5. En el texto, encierra en un círculo los efectos negativos que tuvieron los campos de reclusión en las vidas de los japoneses y los japoneses americanos en California. *Idea principal y detalles*

Resumen

Los sucesos importantes en los Estados Unidos durante el siglo XX tuvieron un gran impacto en la vida en nuestro estado. Menciona tres sucesos que hayan tenido lugar en los Estados Unidos en la primera mitad del siglo XX y explica cómo influyeron en la vida de California.

Susan Ahn Cuddy (n. 1915)

Aprende más   Susan Ahn Cuddy se considera coreana y estadounidense. Nació en Los Ángeles en 1915 pero sus padres nacieron en Corea. Ella se siente orgullosa de pertenecer a ambas culturas. Siempre recuerda que su padre le decía: "Tienes que ser una buena estadounidense. Haz las cosas de la mejor manera posible… y no olvides la herencia cultural que tienes".

Durante la Segunda Guerra Mundial, Cuddy fue una de las primeras personas estadounidenses de ascendencia asiática en pertenecer a la Marina de los Estados Unidos. La primera vez que trató de ingresar a la Marina, no fue aceptada. Sin embargo, no se dio por vencida. En la Marina usó sus conocimientos de idiomas para obtener información que sirviera en la guerra. Más adelante, trabajó para la Agencia Nacional de Seguridad, que maneja códigos secretos.

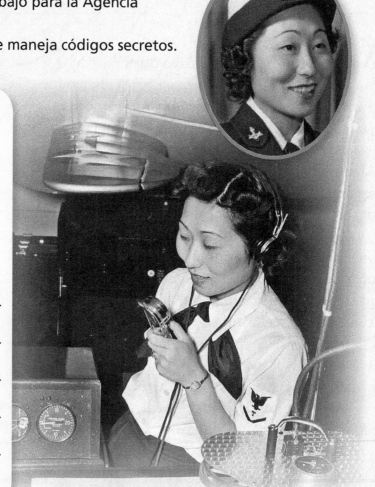

Contesta las siguientes preguntas.

1. Encierra en un círculo por qué se destacó Cuddy. *Identificar*

2. ¿Por qué crees que Cuddy es una mujer que puede servir como modelo para otras?

Analizar

_____

_____

_____

_____

_____

Nombre:

H-SS 4.4.6 Describen el desarrollo y la ubicación de las nuevas industrias desde el siglo XIX, tales como las industrias aeronáutica y electrónica, la agricultura comercial y los proyectos de irrigación a gran escala, las industrias petroleras y automotriz, las industrias de comunicación y defensa, y los importantes vínculos comerciales con la cuenca del Pacífico.

¿Qué nuevas industrias llegaron a California en el siglo XX?

CONÉCTATE Es posible que haya una computadora en el salón de clase o en tu casa. Probablemente has visto *jets*, o aviones de reacción. Seguramente has visto gente hablando por teléfono celular. Hace cincuenta años, esas cosas no eran tan comunes y algunas ni siquiera existían. Hoy en día nuestro estado es líder en la elaboración de todas ellas.

Vistazo previo
Vocabulario

aeronáutica *(s.)* ciencia de la navegación aérea

acueducto *(s.)* tubería u otro tipo de sistema que transporta agua a distancia

Actividad de vocabulario Encierra en un círculo la parte de una de las palabras del vocabulario de arriba que significa "aire".

🔘 Lectura: Causa y efecto

Los escritores usan *causa* y *efecto* para ayudar a los lectores a ver las conexiones entre sucesos. Una *causa* dice por qué sucede algo. Un *efecto* dice lo que pasa como resultado. A medida que leas la página 118, subraya uno de los efectos que la falta de lluvia tuvo en las granjas en el sur de California.

Las industrias más grandes de California

La industria agrícola y las industrias de los aviones, las computadoras y las comunicaciones son importantes para California. Como ya sabes, la industria de los aviones en nuestro estado creció durante la Segunda Guerra Mundial. A finales de la década de 1950, los Estados Unidos comenzaron a explorar el espacio. California pasó a ser el líder de la industria aeronáutica. La **aeronáutica** es la ciencia de la navegación aérea. Hoy en día, la industria más grande de California es la producción de componentes electrónicos, entre ellos teléfonos celulares, televisiones y equipos de música. Esto también incluye las computadoras para hogares y oficinas y los componentes electrónicos para aviones y vehículos militares.

California también se encuentra a la cabeza de la producción agrícola de los Estados Unidos, especialmente en lo que se refiere a frutas y frutos secos. De hecho, nuestro estado es el sexto exportador agrícola más grande del mundo. California tiene más de 50,000 granjas, pero gran parte de sus tierras de cultivo no reciben suficiente lluvia. Para transportar agua se emplean acueductos. Un **acueducto** es una tubería u otro tipo de sistema que transporta agua a distancia.

1. Secuencia **Usa palabras que indican secuencia para describir cómo ha crecido la industria aeronáutica desde la Segunda Guerra Mundial.**

Industria	Ubicación general
Aeronáutica	Sur de California
Comunicaciones	Norte y sur de California
Aparatos electrónicos	Norte de California
Agricultura comercial a gran escala	Centro y sur de California
Fuerzas armadas y defensa	Norte y sur de California
Petróleo y automóviles	Sur de California

El acueducto de Los Ángeles es un sistema de tuberías que transporta agua desde el valle Owens hasta Los Ángeles.

El petróleo y los automóviles

El petróleo también es importante para la economía de California. El primer boom petrolero de California sucedió en la década de 1860, y luego se descubrió petróleo cerca de Los Ángeles en 1892. Como resultado, surgieron muchas compañías petroleras en nuestro estado en la década de 1890.

A comienzos del siglo XX los automóviles de nuestro estado se volvieron más económicos y populares. Los autos y los camiones facilitaron transportar productos, manejar al trabajo y viajar. Sin embargo, esto significaba que la gente necesitaba más petróleo y gasolina. En la década de 1920, se produjo en Los Ángeles otro gran boom petrolero que ayudó a la economía de California a crecer.

El comercio con la cuenca del Pacífico

Otra parte importante de la economía de California es el comercio que se realiza con otros países. Gran parte de ese comercio se lleva a cabo con la región de la cuenca del Pacífico, que abarca países ubicados en las costas del océano Pacífico. California exporta alimentos y componentes electrónicos a países de Asia, como Japón, Corea del Sur, Taiwán y Singapur.

2. ¿Qué efecto tuvieron los automóviles y camiones en California? *Causa y efecto*

3. Subraya detalles sobre la cuenca del Pacífico.

Idea principal y detalles

La cuenca del Pacífico

COREA DEL SUR — JAPÓN — TAIWÁN — SINGAPUR — OCÉANO PACÍFICO — CALIFORNIA — ESTADOS UNIDOS

N

0   1,000   2,000 Millas
0   1,000   2,000 Kilómetros

Traza líneas que vayan desde California hasta algunos de los países asiáticos con los cuales comercia.

Resumen

Durante el siglo XX muchas industrias crecieron en California. Menciona dos de las más importantes y ofrece dos datos sobre cada una.

Las mujeres californianas en el espacio

Aprende más

Sally Ride (n. 1951)

Sally Ride nació en Los Ángeles. De adulta, se hizo astronauta de la Administración Nacional de Aeronáutica y el Espacio, o NASA, por sus siglas en inglés. El 18 de junio de 1983, viajó en el transbordador espacial *Challenger* y se convirtió en la primera mujer estadounidense en viajar al espacio. En la actualidad, Sally Ride enseña física a estudiantes de nivel universitario.

Ellen Ochoa (n. 1958)

Al igual que Sally Ride, Ellen Ochoa es de Los Ángeles. Obtuvo un grado de especialización en Stanford University en 1985 y se hizo astronauta de la NASA en julio de 1991. Ella ha estado más de 900 horas en el espacio.

Patricia Cowings (n. 1948)

Patricia Cowings también trabaja en la NASA. Se entrenó para ser astronauta pero nunca ha viajado al espacio. Ella trabaja en investigaciones para la NASA y ayuda a los astronautas a adaptarse a las condiciones especiales del espacio.

Usa el texto para contestar las siguientes preguntas.

1. En el texto, encierra en un círculo los nombres de las dos mujeres que todavía trabajan en la NASA. *Identificar*

2. ¿Qué preguntas les harías a Sally Ride y a Ellen Ochoa sobre cómo se siente estar en el espacio?

Formular preguntas

_____

_____

H-SS 4.4.7 Investigan la evolución del sistema de distribución de agua en California hasta llegar a una red de represas, acueductos y embalses.

¿Cómo se desarrolló el sistema de distribución de agua de California?

CONÉCTATE Es agradable saber que tienes agua fresca y limpia cuando abres la llave. Pero ha sido un reto para nuestro estado garantizar que tengamos suficiente agua limpia. ¿Cómo ha administrado el estado su sistema de distribución de agua?

Vistazo previo
Vocabulario

embalse *(s.)* lugar donde se retiene y almacena agua para ser usada

delta *(s.)* parte en la que un río se divide en ríos más pequeños que fluyen hacia una masa de agua

bahía *(s.)* parte de un mar o lago que crea una entrada en la costa

recurso renovable *(s.)* recurso que se puede reemplazar

recurso no renovable *(s.)* recurso que viene de la tierra y no se puede reemplazar

Actividad de vocabulario El sufijo –*ble* significa capacidad o aptitud. Encierra en un círculo este sufijo en las palabras del vocabulario de arriba que lo tengan. ¿Cómo te ayuda el significado del sufijo a entender el significado de las palabras?

Lectura: Secuencia

Destreza de lectura

Buscar fechas importantes y palabras de secuencia te ayudará a seguir el orden en que ocurren los sucesos. A medida que leas la página 122, encierra en un círculo los detalles que te ayuden a seguir los momentos importantes en el desarrollo de los sistemas de distribución de agua de California.

1913

Represas, acueductos y embalses

En California se ha hecho un esfuerzo muy grande por transportar agua al sur del estado. Gran parte de la población de nuestro estado vive en esta región, que generalmente es calurosa y seca. Pero la mayor parte del agua disponible se encuentra en la región norte del estado. Para llevar agua hacia el sur, California ha construido represas, acueductos y embalses. Un **embalse** es un lugar donde se retiene y se almacena agua para ser usada.

Muchos de los proyectos de distribución de agua del estado ahora suministran agua a las zonas secas de California. En 1913, el acueducto de Los Ángeles comenzó a llevar agua a esta ciudad. El acueducto del río Colorado hizo llegar el agua a ciudades costeras, entre ellas San Diego, en 1941. El acueducto de California llevó agua por primera vez al sur de California en 1973. Hoy en día, beneficia a dos terceras partes de la población de esa zona.

La construcción de la represa Hoover empezó en 1931 para distribuir agua a partes del sur de California.

1. Secuencia **Enumera los acueductos de California en el orden en que se pusieron en servicio.**

Sistemas de distribución de agua de California

Leyenda
— Acueducto de California
— Proyecto del Valle Central
— Acueducto del río Colorado
— Acueducto de Hetch Hetchy
— Acueducto de Los Ángeles
• Ciudad
- Represa

OREGÓN

Represa Trinity
Represa Shasta
Represa Keswick
Río Sacramento
Represa Folsom
Lago Tahoe
Represa New Melones
Río San Joaquín
Represa San Luis
Bahía de San Francisco
Represa Friant
NEVADA
Represa Hoover
Río Colorado
OCÉANO PACÍFICO
Los Ángeles
AZ
Lago Salton
San Diego
MÉXICO

N

0   75   150 Millas
0   75   150 Kilómetros

Encierra en un círculo el acueducto que transporta agua del río Colorado a San Diego.

1941 El acueducto del río Colorado comienza a transportar agua a las ciudades costeras.

1973 El acueducto de California comienza a transportar agua desde la bahía de San Francisco hasta el sur del estado.

1936 Se termina de construir la represa Hoover en el río Colorado.

El Proyecto del Valle Central

También es importante transportar agua a la región costera central del estado. El Proyecto del Valle Central, que se inició en la década de 1930, consiste en muchas represas, canales y embalses que suministran agua para la irrigación. Parte del agua viene del delta de los ríos Sacramento y San Joaquín. Un **delta** es la parte en la que un río se divide en ríos más pequeños que fluyen hacia una masa de agua. Estos ríos desembocan en la bahía de San Francisco. Una **bahía** es una parte de un mar o lago que crea una entrada en la costa.

Recursos de agua

California obtiene parte de su electricidad de plantas de energía hidroeléctrica. Estas plantas usan la energía del agua en movimiento para producir electricidad. La energía hidroeléctrica es un **recurso renovable,** es decir, uno que se puede reemplazar. Las plantas hidroeléctricas nos ayudan a conservar recursos no renovables como el carbón y el petróleo. Un **recurso no renovable** es el que proviene de la tierra y no se puede reemplazar.

En California todavía hay períodos de sequía. Por eso es tan importante conservar, o ahorrar, el agua. Algunas cosas que puedes hacer para ahorrar agua son cerrar la llave o el grifo cuando te cepilles los dientes y no tardarte mucho en la ducha. Además, no debes jugar con la manguera de agua ni con el rociador. Al asegurarte de no desperdiciar agua, ayudas a que a California no se le agote su suministro de agua.

2. ¿Qué es el Proyecto del Valle Central y por qué es importante?

Evaluar

3. Subraya en el texto la diferencia entre los recursos renovables y los no renovables.

Comparar y contrastar

Resumen

El agua es un recurso importante. En California debemos administrarla con cuidado para que no se agote. ¿Cómo se ha logrado satisfacer las necesidades de agua en California?

Diagramas transversales

Aprende más Un diagrama transversal muestra una "rebanada" de algo. Se hace un corte de un objeto para que podamos ver cómo es por dentro. A continuación verás el diagrama transversal de una represa y de una planta de energía hidroeléctrica que te ayudará a entender cómo funcionan muchas represas. Usa el diagrama para contestar las siguientes preguntas.

Inténtalo

1. Dibuja una línea que indique el paso del agua a través de una planta de energía hidroeléctrica. *Analizar*

_____

2. El embalse almacena agua que se usará en la planta hidroeléctrica. ¿Qué sucedería si estuviera vacío? *Analizar*

_____

_____

3. Una represa es sólo una de las cosas que se pueden explicar con un diagrama transversal. Menciona otra cosa que se pueda explicar con un diagrama de este tipo. *Aplicar*

_____

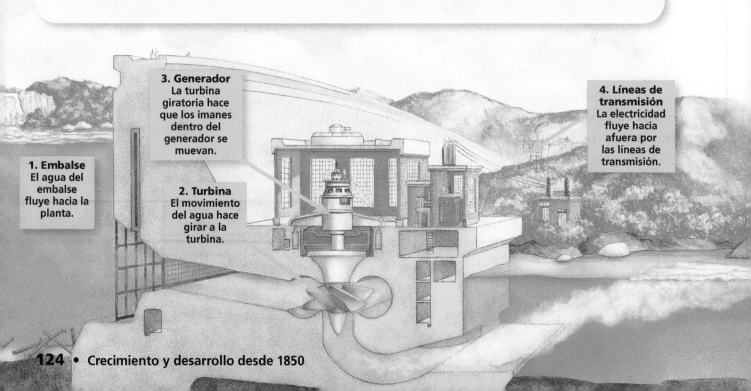

3. Generador
La turbina giratoria hace que los imanes dentro del generador se muevan.

4. Líneas de transmisión
La electricidad fluye hacia afuera por las líneas de transmisión.

1. Embalse
El agua del embalse fluye hacia la planta.

2. Turbina
El movimiento del agua hace girar a la turbina.

H-SS 4.4.8 Describen la historia y el desarrollo del sistema de educación pública de California, las universidades y los colegios universitarios de la comunidad incluidos.

¿Cómo se desarrolló el sistema educativo de California?

CONÉCTATE En este momento eres un(a) estudiante en una escuela primaria de California. Pronto pasarás a la intermedia y luego a la secundaria. Después quizás sigas estudiando o decidas hacer otra cosa. ¿Cómo creó California su sistema escolar?

Vistazo previo
Vocabulario

escuela pública *(s.)* escuela que está disponible a cualquier persona

escuela privada *(s.)* escuela que no pertenece al gobierno

escuela vocacional *(s.)* escuela en que se aprende un oficio

colegio universitario *(s.)* escuela en la que la gente va a estudiar después de terminar la escuela secundaria

universidad *(s.)* escuela en la cual puedes obtener el más alto título o grado académico

título *(s.)* grado académico que se le da a una persona que ha completado un programa de estudios en una escuela

Actividad de vocabulario Llena el espacio en blanco con la palabra del vocabulario de arriba que mejor complete la oración.

Obtuvo su _____ en biología después de una carrera de cuatro años.

Personajes
Olive Isbell

Lectura: Secuencia

A veces los escritores ofrecen detalles para ayudarte a seguir el orden de los sucesos, como fechas y palabras de secuencia. A medida que leas la lección, encierra en un círculo los detalles que te ayuden a seguir los sucesos importantes en la historia del sistema educativo de California.

Esta foto muestra una de las primeras escuelas de Shasta City, California.

Las primeras escuelas de California

La educación es muy importante para los californianos. En 1846, Olive Isbell fundó la primera escuela del estado en Santa Clara. En esa época la zona todavía pertenecía a México. Cuando California se convirtió en estado en 1850, se fundó la primera escuela pública en San Francisco. Una **escuela pública** está disponible para cualquier persona. En 1874 se aprobó una ley en el estado que declaró que todos los niños debían recibir educación primaria.

Las escuelas de California en la actualidad

California tiene miles de escuelas públicas, tanto primarias como secundarias y preparatorias. El gobierno estatal provee estas escuelas y las administra la Junta de Educación del estado, que forma parte del Departamento de Educación de California. El Departamento de Educación decide cómo se reparte el dinero del gobierno entre todas las escuelas. California también tiene escuelas privadas. Una **escuela privada** es aquella que no pertenece al gobierno. Las escuelas privadas pueden cobrar dinero a los estudiantes que asistan a ellas.

1. Secuencia **Describe dos sucesos históricos importantes, con sus fechas, que llevaron al desarrollo del sistema escolar de California.**

_____

_____

_____

2. **Escribe las semejanzas y diferencias entre escuelas públicas y privadas.**

Comparar y contrastar

_____

_____

_____

_____

La educación después de la escuela secundaria

Algunas personas deciden seguir estudiando después de la escuela secundaria. Unas van a **escuelas vocacionales** a aprender un oficio. Otras van a colegios universitarios comunitarios, en donde por lo general toman clases durante dos años. Un **colegio universitario** es aquel al que la gente va a estudiar después de terminar la escuela secundaria. La mayoría de estos colegios pertenecen al sistema de colegios universitarios comunitarios de California. Este sistema tiene más de 100 colegios universitarios.

Universidades y escuelas de educación superior de California

California también tiene dos sistemas más grandes de escuelas públicas a las cuales los estudiantes pueden asistir durante cuatro años o más. Se trata del sistema de la Universidad del Estado de California (CSU, por sus siglas en inglés) y el sistema de la Universidad de California (UC). Una **universidad** es la escuela en la cual puedes obtener el más alto título o grado académico. Un **título** es el grado académico que se le da a una persona que ha completado un programa de estudios en una escuela.

En 1862, el primer colegio se inauguró en San Francisco y luego se trasladó a San José en 1871. Se convirtió en la primera escuela del sistema de la CSU y en la actualidad se llama la Universidad de San José. En 1868 se inauguró la primera escuela del sistema de la UC en Oakland. Más adelante se trasladó a Berkeley y recibió el nombre de UC Berkeley.

Hoy, el sistema de colegios universitarios y universidades públicas de California es el más grande del país. Hay más de treinta universidades públicas en California. Nuestro estado también tiene muchos colegios universitarios y universidades privadas.

3. ¿A qué clase de escuelas puede ir la gente de California después de la escuela secundaria?

Idea principal y detalles

_____

_____

_____

4. En el texto, encierra en un círculo los detalles sobre los dos sistemas de universidades públicas en California. *Idea principal y detalles*

UC Berkeley es la escuela más antigua del sistema de la Universidad de California.

Resumen

Los estudiantes de California de todas las edades tienen a su disposición muchas maneras de obtener su educación. Describe el sistema escolar actual de California.

Revisar y corregir

Los buenos escritores revisan y corrigen su trabajo para mejorarlo. Cuando los escritores revisan su trabajo, añaden, borran o reorganizan el texto. Cuando corrigen, arreglan los errores de ortografía, gramática y puntuación. Cuando editan, los escritores con frecuencia usan marcas especiales de corrección de pruebas.

Inténtalo

El primer párrafo a la derecha ha sido editado usando las siguientes marcas de corrección de pruebas. Repasa las marcas de corrección y el párrafo editado. Luego lee el segundo párrafo. Usa las marcas de corrección para revisar y editar el párrafo.

O^e	error de ortografía
↲	borrar
∧	insertar nuevo texto o puntuación
☰	escribir con mayúscula
⊙	punto

La señora olive Isbell fundó la primera escuela en el territorio de California en 1846. La escuela estaba en un establo cerca de la misión de Santa clara. Habya muy pocos libros. El salón de clase no tenía pizarrón, papel ni lápices. La señora Isbell usaba carboncillo para escribir las letras del alfabíto en las manos de sus estudiantes.

Dos años después, San Francico fundó una de sus primeras escuelas. La escuela estaba ubicada en en la Plaza portsmouth. Seis semanas después, cerraron escuela porque Thomas Dale, su fundador, se fue en busca de oro. En 1850 la ciudad de San francisco aprobó la primera ley del estado en establecer escuelas púvlicas gratis

H-SS 4.4.9 Analizan el impacto de los californianos del siglo XX en el desarrollo artístico y cultural de la nación, como por ejemplo en el surgimiento de la industria del espectáculo (Louis B. Mayer, Walt Disney, John Steinbeck, Ansel Adams, Dorothea Lange y John Wayne, por ejemplo).

¿Cómo hemos logrado los californianos que nuestro estado sea único?

CONÉCTATE ¿Cuál es tu película o programa de televisión favorito? Es posible que se haya realizado en una compañía de California. Nuestro estado es famoso por las industrias del cine y la televisión. ¿Qué otros tipos de arte y espectáculos han sido producidos en California?

Vistazo previo
Vocabulario

cultura *(s.)* las costumbres, el arte, los espectáculos y la recreación de un grupo

actor *(s.)* alguien que interpreta un papel en obras de teatro, películas o programas de televisión

Actividad de vocabulario Subraya la palabra del vocabulario de arriba que podría incluir tanto la fotografía como la música popular.

Personajes

Louis B. Mayer
Walt Disney
John Wayne
Ansel Adams

Dorothea Lange
Jack London
John Steinbeck

Lectura: Hecho y opinión

Un *hecho* es un enunciado que por lo general se cree que es verdadero. Una *opinión* es una creencia o un juicio de una persona. Aprender a identificar un hecho y una opinión te puede ayudar a evaluar la información que se encuentra en textos de no ficción. A medida que leas el primer párrafo de la página 130, subraya los datos sobre Louis B. Mayer contenidos en el texto.

129

El cine llega a California

La zona de Los Ángeles ha sido uno de los mayores centros de cine, o cinematográficos, del mundo desde comienzos del siglo XX. En 1911, una empresa llamada Nestor Company construyó el primer estudio cinematográfico de Hollywood. El clima templado y soleado del sur de California les permitía a los cineastas trabajar al aire libre casi todo el año. En las décadas de 1930 y 1940 los estudios cinematográficos contaban con la dirección de poderosos hombres de negocios, como Louis B. Mayer. Él contribuyó a la fundación del estudio Metro-Goldwyn-Mayer, conocido también como MGM.

La industria del espectáculo hoy en día

La industria del espectáculo todavía forma parte importante de la economía de California. Cientos de miles de personas participan en la producción de películas, programas de televisión, anuncios, música, y juegos de video y computadora. Millones de turistas vienen a la zona de Los Ángeles a ver cómo se hacen las películas. Los parques temáticos del sur de California también atraen a muchos visitantes.

1. Menciona dos hechos sobre la industria del espectáculo.

Hecho y opinión

2. ¿Por qué crees que la industria del espectáculo es importante en California? *Sacar conclusiones*

Los parques temáticos de nuestro estado atraen no sólo a los californianos, sino a muchos turistas que vienen a visitar California.

California y las artes

En el siglo pasado, muchos californianos ayudaron a darle forma a la cultura estadounidense. La **cultura** es el conjunto de costumbres, artes, espectáculos y recreación de un grupo. Walt Disney ha creado muchos personajes animados e inauguró Disneylandia en 1955. El actor de cine John Wayne se hizo famoso por actuar en películas desde la década de 1920 hasta fines de la década de 1970. Un **actor** es alguien que interpreta un papel en obras de teatro, películas o programas de televisión.

Famosos fotógrafos de California, como Ansel Adams y Dorothea Lange, han captado imágenes de nuestro estado. Adams es reconocido por sus fotos del Parque Nacional Yosemite. Las fotos de Lange tomadas durante la Gran Depresión y el Dust Bowl muestran las penurias que muchas personas sufrieron.

Jack London y John Steinbeck fueron escritores californianos famosos. Entre las novelas de London están *Call of the Wild* (El llamado de la selva), escrita en 1903 y *White Fang* (Colmillo Blanco), escrita en 1906. La novela más famosa de Steinbeck, *The Grapes of Wrath* (Las uvas de la ira), escrita en 1939, relata las dificultades de una familia pobre del Dust Bowl que llega a California en busca de una vida mejor.

3. Menciona a un californiano que haya ayudado a darle forma a la cultura de la nación y explica por qué es importante esta persona.

Idea principal y detalles

Dorothea Lange sacó fotografías de californianos durante la Gran Depresión, como la de esta madre con sus hijos.

John Wayne *(izquierda)* se hizo famoso por los papeles que interpretó en películas *westerns* que trataban de la vida en el Oeste.

Resumen

Nuestro estado también desempeñó un papel importante en la cultura estadounidense del siglo XX a través de las artes y el espectáculo. ¿Qué importancia tienen las artes y la industria del espectáculo para la economía del estado?

George Lucas (n. 1944)
Steven Spielberg (n. 1947)

Aprende más George Lucas y Steven Spielberg son figuras importantes en la industria cinematográfica actual. Ambos han hecho películas con efectos especiales innovadores. Ambos han ganado premios de la Academia de Artes y Ciencias Cinematográficas por el trabajo que han realizado. George Lucas se crió en Modesto, California. Estudió la producción de películas en la Universidad de Southern California. Una de sus primeras películas fue *THX 1138*. Más adelante usó el nombre de *THX* para denominar el sistema de sonido de alta calidad que ayudó a crear. Luego, Lucas escribió, filmó y produjo las películas de la serie *Star Wars* (*La guerra de las galaxias*).

Steven Spielberg ha hecho películas desde que era niño. A los trece años ganó un concurso de cinematografía pero no fue aceptado en la escuela de cine. No se dio por vencido, y continuó haciendo películas. *Amblin* es una de sus primeras películas. *Amblin* luego llegó a ser el nombre de la compañía de producción fundada por él, que hizo las películas *E.T., el extraterrestre* y *Parque Jurásico*.

Lucas y Spielberg también han trabajado juntos. Las películas de la serie *Indiana Jones* fueron producidas por Lucas y dirigidas por Spielberg.

1. Encierra en un círculo las películas que Lucas ha hecho. Subraya las que Spielberg ha hecho. Escribe a continuación la serie de películas que hicieron juntos. *Identificar*

_____

2. ¿Por qué crees que Spielberg le puso a su compañia de producción el nombre de una de sus primeras películas? *Analizar*

_____

George Lucas

Steven Spielberg

Diario de estudio

En esta unidad aprenderás cómo las constituciones de los Estados Unidos y de California le dieron forma a nuestro estado y a nuestra nación. Verás también cómo los niveles y poderes del gobierno influyen en tu vida diaria. Completa las actividades de estas páginas a medida que leas la unidad.

Lo que sé sobre...

el gobierno de los Estados Unidos y de California:

¿Cuáles son los poderes y los niveles del gobierno?

Rellena los siguientes cuadros con los deberes de los tres poderes del gobierno.

Legislativo	**Ejecutivo**	**Judicial**

Rellena los siguientes cuadros con las responsabilidades que tiene cada nivel del gobierno.

Federal	**Estatal**	**Local**

Completa estas secciones a medida que leas la unidad.

Menciona un derecho que la ciudadanía otorga en California o en los Estados Unidos. Luego nombra por lo menos un deber del ciudadano.

Derecho

____

____

Deber

____

____

¿En qué tipo de gobierno local te gustaría más participar? Enciérralo en un círculo y luego escribe dos datos sobre él.

- **Ciudad o pueblo**
- **Condado**
- **Distrito escolar**
- **Ranchería o reservación**

1. ______________________________

____

2. ______________________________

____

Enumera los documentos federales y estatales importantes que fueron aprobados en los siguientes años.

1776 ______________________________

1788 ______________________________

1791 ______________________________

1849 ______________________________

1879 ______________________________

He aprendido...

____

H-SS 4.5.1 Hablan de la Constitución de los Estados Unidos y de por qué es importante (por ejemplo, es un documento escrito que define la estructura y el propósito del gobierno estadounidense, y que describe los poderes compartidos por los gobiernos federal, estatal y local).

¿Por qué se creó la Constitución de los Estados Unidos?

IMAGINA LA ESCENA Cuando juegas con tus amigos, ¿quién establece las reglas y decide si son justas o no? Hace más de doscientos años, los fundadores de los Estados Unidos se reunieron para escribir una constitución, es decir, un plan para gobernar un país. ¿Qué reglas creó la Constitución de los Estados Unidos para el nuevo país?

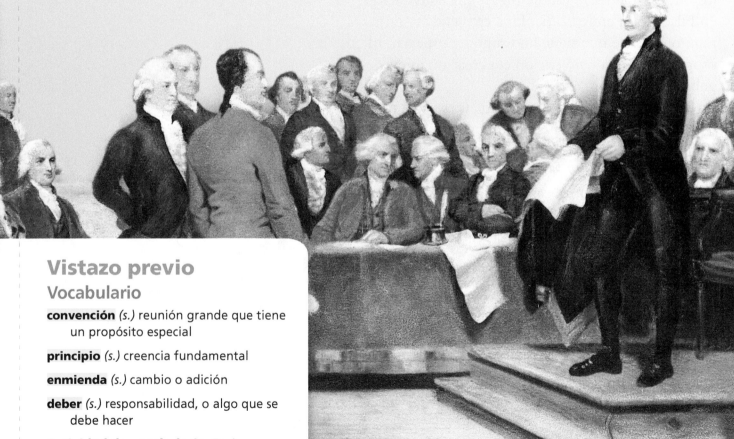

Vistazo previo
Vocabulario

convención *(s.)* reunión grande que tiene un propósito especial

principio *(s.)* creencia fundamental

enmienda *(s.)* cambio o adición

deber *(s.)* responsabilidad, o algo que se debe hacer

Actividad de vocabulario Encierra en un círculo la palabra del vocabulario de arriba que mejor complete la siguiente oración: *Los fundadores de los Estados Unidos tuvieron una _____ para escribir la Constitución.*

Lectura: Hecho y opinión

Un *hecho* es algo que se sabe que es verdadero. Una *opinión* es la creencia o el juicio de una persona. A medida que leas la página 136, subraya las opiniones de los representantes.

Filadelfia   GRAN BRETAÑA

1776 Se escribe la Declaración de Independencia.

Un nuevo gobierno

Los Estados Unidos no fueron creados de la noche a la mañana. La Declaración de Independencia se redactó en 1776 porque los colonos norteamericanos querían liberarse de Gran Bretaña. Después de que los colonos lucharon y ganaron la guerra contra Gran Bretaña, ellos tuvieron que decidir el tipo de gobierno que su nueva nación tendría. En 1787 los representantes de los nuevos estados se reunieron en una convención en Filadelfia, Pennsylvania. Una **convención** es una reunión grande que tiene un propósito especial. El propósito de esta convención era crear un nuevo gobierno.

En la convención, los representantes no se ponían de acuerdo en la estructura del nuevo gobierno. Algunos creían que sería mejor tener un gobierno central fuerte que tuviera casi todo el poder sobre todos los estados. Otros sentían que sería mejor darles a los estados más control. Al final, los representantes se decidieron por un sistema federal en el que el poder sería compartido entre los estados y el gobierno central. Finalmente, la Constitución de EE.UU. fue ratificada, o aprobada, en 1788.

1. Hecho y opinión **Escribe dos hechos que apoyen el siguiente enunciado: Los Estados Unidos enfrentaron muchos desafíos para convertirse en un país independiente.**

_____

_____

_____

La Convención Constitucional de 1787 se celebró en el Salón de la Independencia en Filadelfia, Pennsylvania.

1788

1791 Se ratifica la Declaración de Derechos.

Un documento vivo

La Constitución describe la estructura del gobierno. Refleja los **principios,** o creencias fundamentales, que son importantes para el pueblo de los Estados Unidos. Un dato importante acerca de la Constitución es que se le pueden hacer cambios. Estos cambios o adiciones se llaman **enmiendas.** Las primeras diez enmiendas fueron ratificadas en 1791. Se conocen como la Declaración de Derechos y protegen los derechos y libertades de todos los ciudadanos de los Estados Unidos.

Los tres niveles del gobierno

La Constitución dicta leyes y provee servicios para todos los estados. Los gobiernos local, estatal y federal comparten el poder. Cada nivel tiene diferentes deberes. Un **deber** es una responsabilidad o algo que se debe hacer. Los gobiernos locales dictan leyes y proporcionan servicios a los pueblos y ciudades. Los gobiernos estatales hacen el mismo tipo de trabajos para un estado entero. El gobierno federal se encarga de las leyes y servicios para los ciudadanos de todos los estados.

2. **¿Por qué es importante que se puedan hacer enmiendas a la Constitución?** *Sacar conclusiones*

3. **En el texto, encierra en un círculo las responsabilidades del gobierno federal.**

Idea principal y detalles

Aunque está ubicado en California, el Parque Yosemite es administrado por el gobierno federal porque es un parque nacional.

Resumen

Los líderes de nuestro país redactaron la Constitución para establecer la estructura y el propósito del gobierno. ¿Por qué es importante la Constitución de EE.UU. hoy en día?

Documentos: La Declaración de Derechos

Aprende más Ya sabes lo que es una fuente primaria. Los documentos son un tipo de fuente primaria. Suelen contener información oficial. Como ya sabes, la Declaración de Derechos corresponde a las primeras diez enmiendas que se hicieron a la Constitución de los Estados Unidos.

Cuando se redactó la Constitución en 1787, no incluía la Declaración de Derechos. Muchos estadounidenses acababan de luchar por su libertad en la Guerra de Independencia contra Gran Bretaña. A algunos les preocupaba que el nuevo gobierno tratara de limitar algunas libertades. Como resultado, se escribió la Declaración de Derechos que protege ciertos derechos y libertades. Por ejemplo, la Sexta Enmienda establece que las personas tienen derecho a ser juzgadas por un jurado y tienen derecho a un abogado en casos criminales.

La Primera Enmienda protege la libertad de religión, la libertad de expresión, la libertad de prensa, el derecho a reunirse pacíficamente y el derecho a levantar quejas al gobierno.

1. Encierra en un círculo dos libertades que sean importantes para ti. *Identificar*

_____

2. Explica la importancia que tiene una de esas libertades en tu vida. *Aplicar*

_____

_____

_____

Primera Enmienda

El Congreso no creará ley alguna con respecto al establecimiento de la religión, ni que prohiba su libre ejercicio; o que coarte la libertad de expresión o de prensa; o el derecho del pueblo a reunirse pacíficamente y pedir al gobierno la reparación de agravios.

🐻 **H-SS 4.5.2** Entienden el propósito de la Constitución de California, sus principios clave y su relación con la Constitución de los Estados Unidos.

¿Cómo te afecta a ti la Constitución de California?

CONÉCTATE ¿Por qué crees que se necesita una constitución en nuestro estado? Ya sabes que la Constitución de los EE.UU. protege las libertades de todos los ciudadanos de los EE.UU. De la misma manera, la Constitución de California protege nuestros derechos. ¿Cómo crees que te afecta?

Vistazo previo
Vocabulario

ciudadanía *(s.)* deberes, derechos y responsabilidades de los individuos que viven en un estado o país

Actividad de vocabulario Busca partes de la palabra que te ayudan a descubrir el significado de la palabra. Encierra en un círculo la raíz de la palabra *ciudadanía* y subraya el sufijo.

Lectura: Idea principal y detalles

Identificar la *idea principal* te ayudará a entender de qué trata un párrafo o una selección. Otras oraciones incluirán detalles que apoyen la idea principal. A medida que leas la página 140, subraya la idea principal en el segundo párrafo.

★Sacramento

1850 California se convierte en estado.

1854 Sacramento se convierte en la capital del estado.

1849 Se escribe la primera Constitución de California.

Dos constituciones

La Constitución de California y la de los EE.UU. se parecen mucho. Ambas son planes para gobernar al pueblo. Ambas empiezan con un corto preámbulo o introducción. Después del preámbulo, siguen los artículos, o secciones. Ambas constituciones otorgan a las personas el derecho a vivir en libertad y a elegir sus representantes.

Las constituciones de nuestro estado y de nuestro país son diferentes también. La Constitución de California describe las leyes de nuestro estado. Los artículos de la Constitución del estado explican los derechos de los ciudadanos de California. También establecen tres poderes de gobierno del estado. La Constitución de California cubre temas como el voto, la educación y cómo gasta dinero el estado. La Constitución de los EE.UU. describe las responsabilidades del gobierno federal. Éstas incluyen defender nuestro país, acuñar dinero y firmar acuerdos con otros países.

1. Usa los detalles del cuadro como ayuda para determinar la idea principal del primer párrafo.
Idea principal y detalles

Idea principal

| plan para gobernar al pueblo | derecho a vivir en libertad |

Detalle   **Detalle**

| elegir representantes | agrupadas en artículos |

Detalle   **Detalle**

La primera Constitución de California fue escrita en inglés y en español.

1879

Estos ciudadanos de California están cumpliendo con su deber de votar.

La Constitución de California

California ha tenido dos constituciones estatales. La primera se redactó en 1849 y fue aprobada por el gobierno de los Estados Unidos en 1850. En ese momento, California se convirtió en estado. Sacramento se convirtió en la capital del estado en 1854. En 1879 se aprobó la segunda constitución de California. Ésta es la que usamos hoy en día. La Constitución de California explica lo que significa ser ciudadano de nuestro estado.

La **ciudadanía** incluye los deberes, derechos y responsabilidades de los individuos que viven en un estado o país. Nuestra constitución dice que todos los ciudadanos de California son libres e independientes y tienen derechos que nadie les puede quitar. Algunos de estos derechos son la libertad de disfrutar y defender sus vidas y su libertad. Los ciudadanos también tienen derecho a comprar, poseer y proteger sus propiedades.

Los ciudadanos de California también tienen deberes y responsabilidades. Es importante que los ciudadanos sepan cómo funciona el gobierno, voten y obedezcan las leyes. Los ciudadanos deben servir a su comunidad y hablar sobre los asuntos que son importantes para ellos.

2. **¿Qué propósito tiene la Constitución de California?**

Idea principal y detalles

Resumen

Tanto la **Constitución de los EE.UU.** como la **Constitución de California** protegen los derechos de sus ciudadanos. Haz un resumen de las responsabilidades de un ciudadano de California.

Símbolos: El sello del estado

Aprende más Cada estado de los Estados Unidos tiene un sello. Generalmente, el sello es una imagen circular que representa, o simboliza, un estado o país. El sello de California fue diseñado en 1849, cuando California estaba en proceso de convertirse en estado. El comandante Robert Sheldon Garnett lo creó y Caleb Lyon lo presentó durante la convención constitucional. La convención aprobó el sello.

Éstos son algunos de los símbolos del Sello del Estado de California y lo que representan:

1. **Treinta y una estrellas** representan los treinta y un estados de los Estados Unidos en 1850, entre los cuales estaba California.
2. El **minero** que busca oro representa la riqueza y oportunidades que California ofrece.
3. La palabra *Eureka* es una palabra griega que significa "¡Lo encontré!". Probablemente se refiere a lo que los mineros decían cuando encontraban oro.
4. El **oso gris** representa la agricultura y la fauna de California.

Inténtalo

Usa el sello de la derecha para responder las siguientes preguntas.

1. En el sello, escribe el número de cada elemento de la lista (arriba) junto a la parte del sello descrita. *Identificar*

2. Si tuvieras que crear un sello para tu salón de clase, ¿qué tipos de símbolos usarías? *Aplicar*

_____

_____

_____

🐻 **H-SS 4.5.3** Describen las semejanzas (por ejemplo, documentos escritos, el gobierno de la ley, el consentimiento de los gobernados y la separación de los tres poderes) y las diferencias (el campo de jurisdicción, los límites de los poderes de gobierno, el uso del ejército, por ejemplo) entre los gobiernos local, estatal y federal.

¿En qué se parecen y en qué se diferencian los gobiernos federal, estatal y local?

CONÉCTATE El representante de tu consejo municipal local, el gobernador del estado y un juez de la Corte Suprema de los EE.UU. están a tu servicio, pero sirven en tres niveles diferentes de gobierno: el local, el estatal y el federal. ¿Cuáles son las labores de cada nivel de gobierno?

Vistazo previo
Vocabulario

jurisdicción *(s.)* área sobre la cual una autoridad tiene control

poder *(s.)* parte del gobierno

poder legislativo *(s.)* parte del gobierno responsable de hacer las leyes

poder ejecutivo *(s.)* parte del gobierno responsable de poner en práctica las leyes

poder judicial *(s.)* parte del gobierno responsable de decidir si las leyes han sido violadas

Actividad de vocabulario Las palabras del vocabulario *poder legislativo*, *poder ejecutivo* y *poder judicial* están relacionadas. ¿En qué se parecen?

Lectura: Comparar y contrastar

Comparar y *contrastar* ideas te ayudará a entender lo que lees. A medida que leas la página 144, subraya los contrastes o diferencias que hay entre los tres niveles de gobierno.

▷

143

Niveles de gobierno

En los Estados Unidos hay tres niveles de gobierno. Cada uno tiene la responsabilidad de servir al pueblo. Cada nivel de gobierno tiene también una jurisdicción especial. La **jurisdicción** es el área sobre la cual tiene control una autoridad.

El gobierno federal tiene jurisdicción sobre ciertas áreas. Es responsable de defender los Estados Unidos. Dirige las fuerzas armadas y se reúne con los gobiernos de otras naciones. El gobierno federal también se encarga de los parques y monumentos nacionales. Además, imprime y vigila el dinero de la nación.

Los gobiernos de los estados tienen jurisdicción sobre otras áreas. Son responsables de guiar la educación pública. También se encargan de la salud y la seguridad públicas.

Los gobiernos locales proporcionan servicios a las ciudades, los pueblos y las comunidades. Éstos incluyen dirigir los departamentos de policía y de bomberos, hacerse cargo de los parques de la ciudad y llevar los registros de la ciudad.

Cada nivel de gobierno tiene límites en lo que puede hacer. La Décima Enmienda a la Constitución de los EE.UU. dice que los poderes que la Constitución no le haya otorgado al gobierno federal, son para los estados o el pueblo. Por otro lado, un estado no puede firmar ningún tratado, o acuerdo, con otro país o aprobar leyes que afecten a otro estado. A nivel local, un pueblo no puede aprobar leyes que vayan en contra de las leyes estatales o federales.

1. Haz una lista de las maneras en que se diferencian las responsabilidades de los gobiernos locales y estatales.

Comparar y contrastar

Estatal	Local

La Oficina de Grabado e Impresión de los EE.UU. es responsable de acuñar la moneda de nuestro país.

Los tres poderes del gobierno

Ejecutivo
Casa Blanca

Legislativo
Capitolio de los EE.UU.

Judicial
Edificio de la Corte Suprema

Los tres poderes del gobierno federal están ubicados en Washington, D.C.

Responsabilidades diferentes

El gobierno federal está integrado por tres **poderes** separados. Un **poder** es una parte del gobierno. Todos los gobiernos de los estados tienen tres poderes. Estos poderes son: el legislativo, el ejecutivo y el judicial. Cada poder tiene diferentes responsabilidades.

Tanto a nivel estatal como federal, el **poder legislativo** es responsable de hacer las leyes. A nivel federal, el Senado y la Cámara de Representantes forman el poder legislativo. Juntos forman el Congreso.

El **poder ejecutivo** del gobierno es responsable de poner en práctica las leyes. En el gobierno federal, el Presidente de los Estados Unidos dirige el poder ejecutivo. Tanto a nivel federal como a nivel estatal, la oficina ejecutiva es donde se firman proyectos de ley que se convertirán en leyes.

El **poder judicial** del gobierno es responsable de interpretar las leyes y decidir si han sido violadas. Incluye nuestro sistema de tribunales y jueces. A nivel federal, la Corte Suprema tiene autoridad sobre todos los demás tribunales del país en asuntos que tienen que ver con la Constitución. Está compuesta de nueve jueces.

2. Escribe la función principal de cada poder de gobierno abajo.

Idea principal y detalles

Legislativo

Ejecutivo

Judicial

Resumen

Los gobiernos federal, estatal y local tienen diferentes responsabilidades. ¿En qué se parecen los tres niveles de gobierno?

Los servicios y deberes del gobierno

Aprende más La siguiente tabla indica algunas de las responsabilidades del gobierno local, estatal y federal. A medida que leas la tabla, piensa en por qué cada nivel de gobierno estaría a cargo de ese deber o servicio particular.

Usa la siguiente tabla para contestar las preguntas.

1. Para completar la tabla, escribe el nivel de gobierno sobre la columna apropiada. *Identificar*

2. ¿Por qué crees que es mejor proporcionar la protección contra incendios a nivel local en vez de a nivel federal? *Explicar*

_____

_____

Los tres niveles de gobierno

Protección	Utiliza los departamentos de policía y de bomberos.	Utiliza el departamento de policía del estado.	Utiliza el Ejército, la Marina, la Infantería de Marina y el servicio de guardacostas.
Educación	Elige los líderes escolares.	Provee fondos y pautas para los estándares de aprendizaje y los materiales para la educación.	Provee pautas para financiar y contratar.
Parques	Financia y mantiene los parques locales.	Financia y mantiene los parques del estado.	Financia y mantiene los parques nacionales.
Carreteras	Financia y mantiene las carreteras locales.	Financia y mantiene las carreteras estatales.	Financia y mantiene las carreteras interestatales.
Tesoro			Acuña la moneda.

Nombre:

H-SS 4.5.4 Explican las estructuras y funciones de los gobiernos estatales, entre ellas las funciones y responsabilidades de los funcionarios elegidos.

Lección

4

¿Qué hace por nosotros el gobierno estatal?

CONÉCTATE ¿Quién crees que hace las leyes de nuestro estado? ¿Quién las pone en práctica? ¿Quién decide si son constitucionales o no? El gobierno de California tiene tres poderes que se hacen cargo de estas responsabilidades. ¿Cómo trabajan juntos estos poderes?

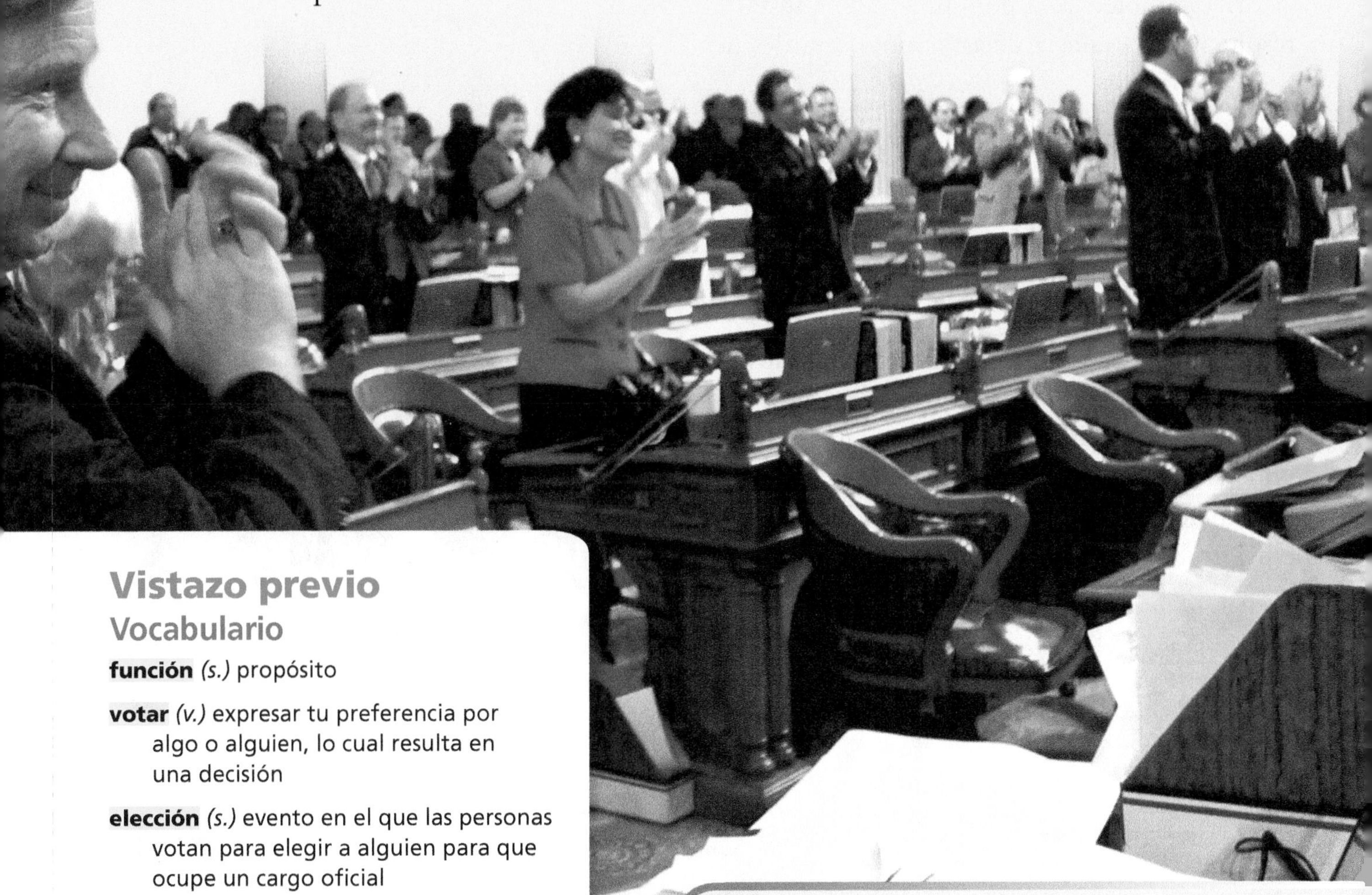

Vistazo previo

Vocabulario

función *(s.)* propósito

votar *(v.)* expresar tu preferencia por algo o alguien, lo cual resulta en una decisión

elección *(s.)* evento en el que las personas votan para elegir a alguien para que ocupe un cargo oficial

Actividad de vocabulario Completa la oración con una de las palabras del vocabulario de arriba. *La ______________ de un tocador de CD es tocar discos compactos.*

Lectura: Hecho y opinión

Destreza de lectura

Como ya sabes, un *hecho* es algo que por lo general se cree que es verdadero. A medida que leas la página 148, subraya los hechos sobre el poder legislativo del gobierno.

Poderes del gobierno estatal

Has estudiado los poderes legislativo, ejecutivo y judicial del gobierno federal. Estos poderes también son parte del gobierno del estado de California. Cada uno de los poderes desempeña una importante **función,** o propósito.

El poder legislativo está compuesto por el senado y la asamblea del estado. Estos grupos redactan y aprueban proyectos de ley que afectan nuestras vidas y votan por ellas. **Votar** es expresar tu preferencia por algo, o alguien, lo cual resulta en una decisión. El poder legislativo también vota por enmiendas constitucionales y resoluciones, es decir, declaraciones oficiales de opiniones o ideas.

El poder ejecutivo pone en práctica las leyes creadas por el poder legislativo. El gobernador encabeza este poder. Aprueba iniciativas y se asegura de que las leyes se obedezcan. Un famoso gobernador de California fue Ronald Reagan quien tomó posesión del cargo en 1967. Reagan luego se convirtió en Presidente de los Estados Unidos en 1981.

En el poder judicial, los jueces se aseguran de que las leyes estén de acuerdo con la Constitución de California. El poder judicial incluye todas las cortes estatales de California.

1. Hecho y Opinión **Basándote en esta sección, escribe una opinión sobre el gobierno de California.**

Ronald Reagan se convirtió en gobernador de California en 1967.

Arnold Schwarzenegger se convirtió en gobernador de California en 2003.

El poder judicial del gobierno de California ejerce un control sobre los otros dos poderes.

Sistema de controles y equilibrios

Al igual que en el gobierno federal, los tres poderes del gobierno de California tienen diferentes deberes. El gobierno de California utiliza un sistema de controles y equilibrios para que cada poder tenga la capacidad de imponer *controles*, o límites, sobre la facultad de los otros poderes. Esto ayuda a mantener el *equilibrio* entre los tres poderes.

Bajo este sistema, los tres poderes deben trabajar juntos para servir al pueblo. Por ejemplo, el poder legislativo puede redactar y aprobar un proyecto de ley, pero el gobernador puede rechazarlo o aprobarlo con su firma para convertirlo en ley. Los jueces deciden entonces si la ley es constitucional y concuerda con las ideas de la Constitución de California.

Los ciudadanos de California pueden ayudar a mantener el sistema de controles y equilibrios al votar en las elecciones. Una **elección** es un evento en el que las personas eligen una persona para que ocupe un cargo oficial. Los ciudadanos eligen a los líderes que ellos crean que tomarán buenas decisiones para el estado. Si los ciudadanos de California no creen que sus líderes están tomando buenas decisiones, tienen el derecho de revocar su nombramiento, o removerlos del cargo. Además, pueden elegir nuevos líderes.

2. Usa el proceso de aprobar un proyecto de ley para explicar cómo los poderes de gobierno se controlan unos a otros.

Idea principal y detalles

Resumen

El gobierno de California está organizado en tres poderes que tienen diferentes deberes. ¿Cómo contribuyen los ciudadanos que votan a mantener el sistema de controles y equilibrios del gobierno?

El gobierno del estado de California

Aprende más Cada poder del gobierno estatal de California tiene diferentes deberes, responsabilidades y requisitos. Como resultado, ningún poder del gobierno tiene demasiado control. Fíjate en el siguiente cuadro que delinea los deberes, las responsabilidades, los requisitos y los términos para los líderes de cada poder del gobierno.

LEGISLATIVO	EJECUTIVO	JUDICIAL
Deber: Escribe las leyes	**Deber: Aprueba y pone en práctica las leyes**	**Deber: Interpreta las leyes**
Asamblea estatal 80 miembros • Elegido por el pueblo de California • Ciudadano de EE.UU. • Ha vivido en California durante los últimos 3 años[1] • Sirve por 2 años • Puede ser elegido 3 veces **Senado estatal** 40 miembros • Elegido por el pueblo de California • Ciudadano de EE.UU. • Ha vivido en California durante los últimos 3 años[1] • Sirve por 4 años • Puede ser elegido 2 veces	**Gobernador** • Elegido por el pueblo de California • Ciudadano de EE.UU. • Ha vivido en California durante los últimos 5 años • Sirve por 4 años • Puede ser elegido 2 veces	**Corte Suprema del Estado** 7 jueces • Elegido por el pueblo de California • Ciudadano de EE.UU. • Ha trabajado como abogado en California durante los últimos 10 años o ha sido juez de una corte de California durante los últimos 10 años • Sirve por 12 años

Usa el cuadro de arriba para contestar las siguientes preguntas:

1. Encierra en un círculo el tiempo que una persona puede servir en la corte suprema del estado. *Identificar*

2. Subraya el requisito para el cargo de gobernador que es diferente de los requisitos para los miembros del senado del estado. *Aplicar*

[1] al menos 1 año en su distrito

H-SS 4.5.5 Describen los componentes de la estructura gubernamental de California (las ciudades y los pueblos, las reservaciones y rancherías indígenas, los condados y los distritos escolares, por ejemplo).

¿Cómo se gobiernan las comunidades de California?

CONÉCTATE Todos los días ves a tu gobierno local en acción. Los gobiernos locales son más pequeños que los gobiernos estatales y federales. Con frecuencia pueden responder más fácilmente a la gente que sirven. ¿Se te ocurren ejemplos del trabajo que realiza tu gobierno local para ti?

Vistazo previo
Vocabulario

*__alcalde__ (s.) líder de una ciudad o pueblo

•__consejo municipal__ (s.) grupo de personas que hacen las leyes de la ciudad

__reservación__ (s.) área de tierra que pertenece a grupos de indígenas americanos

__ranchería__ (s.) reservación pequeña

__distrito__ (s.) parte de un país, ciudad o estado demarcada para un determinado propósito

*__superintendente__ (s.) alguien que es responsable de todas las escuelas públicas de un área

•__mesa directiva escolar__ (s.) grupo de personas que ayudan a administrar las escuelas de un área

Actividad de vocabulario La palabra *reservación* tiene más de un significado. ¿Qué otra definición tiene?

Lectura: Hecho y opinión

Recuerda que un *hecho* es algo que por lo general se cree que es verdadero. A medida que leas la página 152, subraya los datos sobre los gobiernos de las ciudades.

Sukhee Kang, alcalde de Irvine, posando junto a un estudiante.

El gobierno local

Al igual que los gobiernos estatal y federal, los gobiernos locales sirven y protegen a las personas. Hay diferentes tipos de gobiernos locales en California. Es frecuente que un alcalde gobierne las ciudades y los pueblos. El **alcalde** es el líder de una ciudad o pueblo. La mayoría de las comunidades también tienen un **consejo municipal,** que es un grupo de personas que dictan las leyes de la ciudad. El alcalde y el consejo municipal trabajan juntos para ayudar a la comunidad. Por lo general, los condados son áreas más grandes en el estado que también cuentan con sus propios gobiernos. Algunas ciudades como Los Ángeles, son tan grandes que son sus propios condados.

Los gobiernos locales son más pequeños que el gobierno estatal y el federal. Esto les permite trabajar muy de cerca con las personas a las que sirven. El gobierno local ofrece importantes servicios a la comunidad. Por ejemplo, los gobiernos de las ciudades proveen protección policiaca y contra incendios. Además, reparan y limpian las calles. Los gobiernos de los condados con frecuencia se encargan de las carreteras y autopistas. Los ciudadanos pueden contribuir a nivel local con su voto en las elecciones o trabajando como voluntarios.

1. Hecho y opinión **Escribe dos hechos para apoyar el siguiente enunciado: El gobierno local sirve a las ciudades y a los pueblos.**

Gobierno tribal

Algunos grupos de indígenas de California tienen otra forma de gobierno local que se llama consejo tribal. Los consejos tribales pueden gobernar sobre tierras tribales, como las **reservaciones,** que son áreas de tierra que pertenecen a un grupo de indígenas americanos. El consejo tribal trabaja con otros gobiernos para servir a su pueblo. El jefe de la tribu es el jefe del consejo y dirige a su comunidad. Algunas reservaciones pequeñas, llamadas **rancherías,** también están gobernadas por consejos tribales.

Distritos escolares

Otro tipo de gobierno local es el distrito escolar. Un **distrito** es una parte de un país, ciudad o estado demarcada para un determinado propósito. La mayoría de las escuelas públicas son parte de un distrito escolar. El **superintendente** es el responsable de todas las escuelas públicas del distrito. La mesa directiva escolar trabaja con el superintendente para ayudarlo a tomar decisiones para las escuelas de un área. Una **mesa directiva escolar** es un grupo de personas que ayudan a administrar las escuelas de un área. Un director se asegura de que su escuela cumpla con las decisiones del superintendente y de la junta.

2. ¿En qué se parece el gobierno de una reservación a otros gobiernos locales? *Comparar y contrastar*

3. Haz una lista de las personas responsables de dirigir las escuelas de un distrito escolar. *Idea principal y detalles*

Un director trabaja con el superintendente, la mesa directiva escolar y con los maestros y estudiantes para asegurar que la escuela funcione sin problemas.

Resumen

California tiene varias clases de gobiernos locales. Describe cada uno de los gobiernos locales de nuestro estado.

El consejo tribal de Agua Caliente

Aprende más Los cahuillas de Agua Caliente viven en el desierto de Colorado, en el sur de California. Ellos le dieron el nombre de Se-Khi, que significa "agua hirviente", al área donde viven, porque hay manantiales de aguas termales cerca de allí. Los españoles la nombraron Agua Caliente. Hoy en día, las ciudades de Palm Springs, Cathedral City y Rancho Mirage, y el condado de Riverside, están ubicadas en la reservación de Agua Caliente.

En 1876, el gobierno de los Estados Unidos reconoció nueve reservaciones del pueblo cahuilla, entre las cuales se encuentra la reservación de Agua Caliente. En 1952, los indígenas de Agua Caliente votaron para aprobar su propia constitución. El Consejo Tribal dirige el gobierno de la reservación, hace las leyes y protege los intereses de su pueblo. También administra la tierra y los negocios. Además, cuida la fauna y los recursos naturales de la reservación. El Consejo Tribal contribuye a preservar las artes y la cultura de su pueblo. Una manera en que ha hecho esto posible es mediante la construcción de un museo que presenta la historia y las tradiciones del pueblo cahuilla.

Contesta las siguientes preguntas.

1. Encierra en un círculo las responsabilidades del Consejo Tribal Cahuilla de Agua Caliente. *Identificar*

2. Menciona una cosa en la que el Consejo Tribal se parece a otros gobiernos locales sobre los que hayas leído. *Analizar*

_____

_____

Museo Cultural de Agua Caliente en Palm Springs, CA

Contenido

Atlas
Mapa político de nuestros cincuenta estados

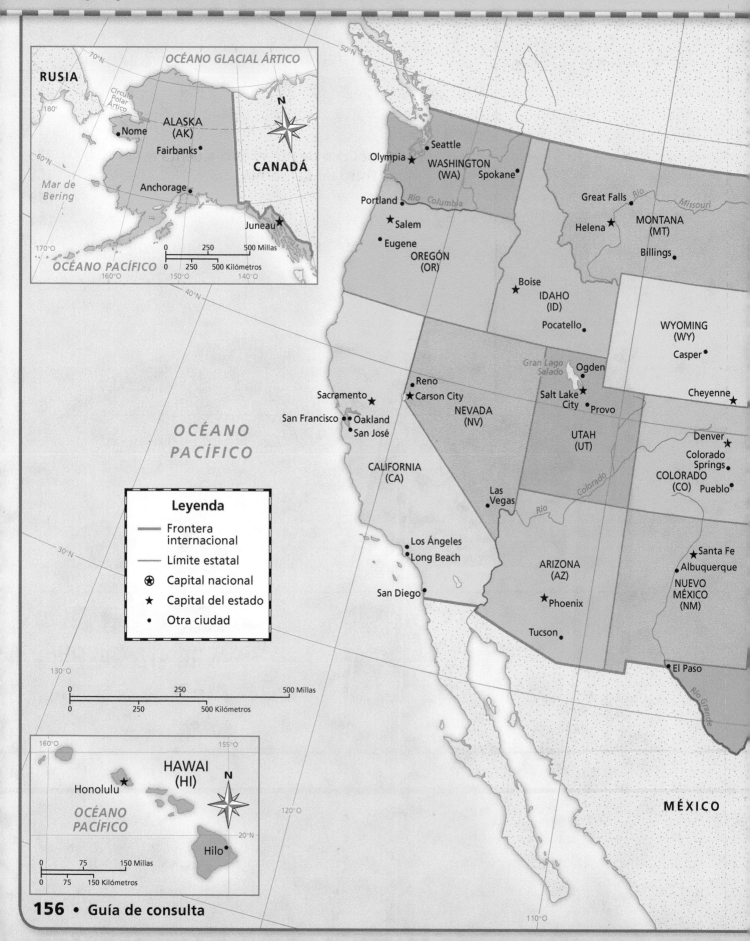

OCÉANO GLACIAL ÁRTICO

RUSIA

ALASKA
(AK)

Nome

Fairbanks

CANADÁ

N

Mar de
Bering

Anchorage

Juneau

Círculo
polar
Ártico

OCÉANO PACÍFICO

0   250   500 Millas
0   250   500 Kilómetros

Seattle

Olympia   WASHINGTON
(WA)   Spokane

Portland   Río Columbia

Salem

Eugene

OREGÓN
(OR)

Great Falls   Río   Missouri

Helena   MONTANA
(MT)

Billings

Boise

IDAHO
(ID)

Pocatello

WYOMING
(WY)

Casper

Gran Lago
Salado   Ogden

Reno

Sacramento   Carson City

San Francisco   Oakland

San José

NEVADA
(NV)

Salt Lake
City   Provo

Cheyenne

UTAH
(UT)

Denver

Colorado
Springs

COLORADO
(CO)   Pueblo

**OCÉANO
PACÍFICO**

CALIFORNIA
(CA)

Las
Vegas   Río Colorado

Leyenda

— Frontera
internacional

— Límite estatal

⊛ Capital nacional

★ Capital del estado

• Otra ciudad

Los Ángeles

Long Beach

San Diego

ARIZONA
(AZ)

Phoenix

Santa Fe

Albuquerque

NUEVO
MÉXICO
(NM)

Tucson

El Paso

0   250   500 Millas
0   250   500 Kilómetros

Río Grande

HAWAI
(HI)

Honolulu   N

**OCÉANO
PACÍFICO**

Hilo

MÉXICO

0   75   150 Millas
0   75   150 Kilómetros

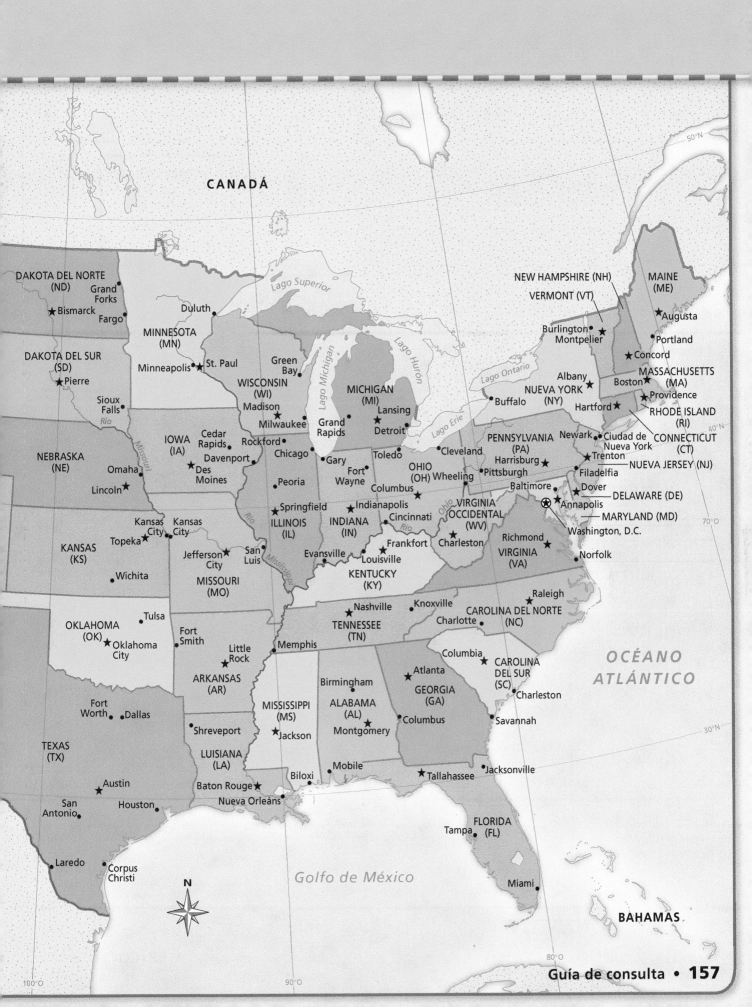

CANADÁ

DAKOTA DEL NORTE
(ND)
★ Bismarck
Grand
Forks
Fargo

Duluth

Lago Superior

NEW HAMPSHIRE (NH)
VERMONT (VT)

MAINE
(ME)
★ Augusta
Portland

DAKOTA DEL SUR
(SD)
★ Pierre

MINNESOTA
(MN)
Minneapolis ● St. Paul

Green
Bay

Lago Michigan

Lago Hurón

Burlington
Montpelier ★

★ Concord

Sioux
Falls

Río

WISCONSIN
(WI)
Madison

MICHIGAN
(MI)
Lansing
★
Detroit

Lago Ontario

Albany
★

Boston ★

MASSACHUSETTS
(MA)

NEBRASKA
(NE)
Omaha
Lincoln

Missouri

IOWA
(IA)
Cedar
Rapids
Davenport
Des
Moines

Milwaukee
Rockford ●
Chicago ●

Grand
Rapids

Gary

Toledo

Lago Erie

Cleveland

NUEVA YORK
(NY)
Buffalo

Hartford ★

Providence

RHODE ISLAND
(RI)

Peoria

Fort
Wayne

OHIO
(OH)
Columbus

Wheeling

PENNSYLVANIA
(PA)
Harrisburg
★
Pittsburgh

Newark
●
Trenton
★

Ciudad de
Nueva York

CONNECTICUT
(CT)

NUEVA JERSEY (NJ)

KANSAS
(KS)
Topeka ★

Kansas
City

Kansas
City

Río

Springfield
★

ILLINOIS
(IL)

San
Luis

INDIANA
(IN)
Indianapolis
★

Cincinnati

Frankfort
★

VIRGINIA
OCCIDENTAL
(WV)
Charleston
★

Filadelfia

Baltimore ●
⊗ Annapolis
Washington, D.C.
Dover ●

DELAWARE (DE)

MARYLAND (MD)

Wichita

Jefferson
City
★

Evansville

Louisville

Richmond
★

VIRGINIA
(VA)

Norfolk

MISSOURI
(MO)

KENTUCKY
(KY)

Ohio

Río

OKLAHOMA
(OK)
★ Oklahoma
City

Tulsa

Fort
Smith

Mississippi

Nashville
★

TENNESSEE
(TN)

Knoxville

Charlotte

Raleigh
★

CAROLINA DEL NORTE
(NC)

Fort
Worth ● Dallas

ARKANSAS
(AR)

Little
Rock
★

Memphis ●

Columbia
★

Birmingham

Atlanta
★

CAROLINA
DEL SUR
(SC)

Charleston

TEXAS
(TX)

Shreveport
●

MISSISSIPPI
(MS)

Jackson
★

ALABAMA
(AL)
Montgomery
★

GEORGIA
(GA)
Columbus
●

Savannah

LUISIANA
(LA)

Biloxi

Mobile
●

Jacksonville

Austin
★

Baton Rouge ★
Nueva Orleáns

Tallahassee
★

FLORIDA
(FL)

OCÉANO
ATLÁNTICO

San
Antonio

Houston
●

Tampa
●

Laredo

Corpus
Christi

N

Golfo de México

Miami
●

BAHAMAS

50° N

40° N

70° O

30° N

80° O

90° O

100° O

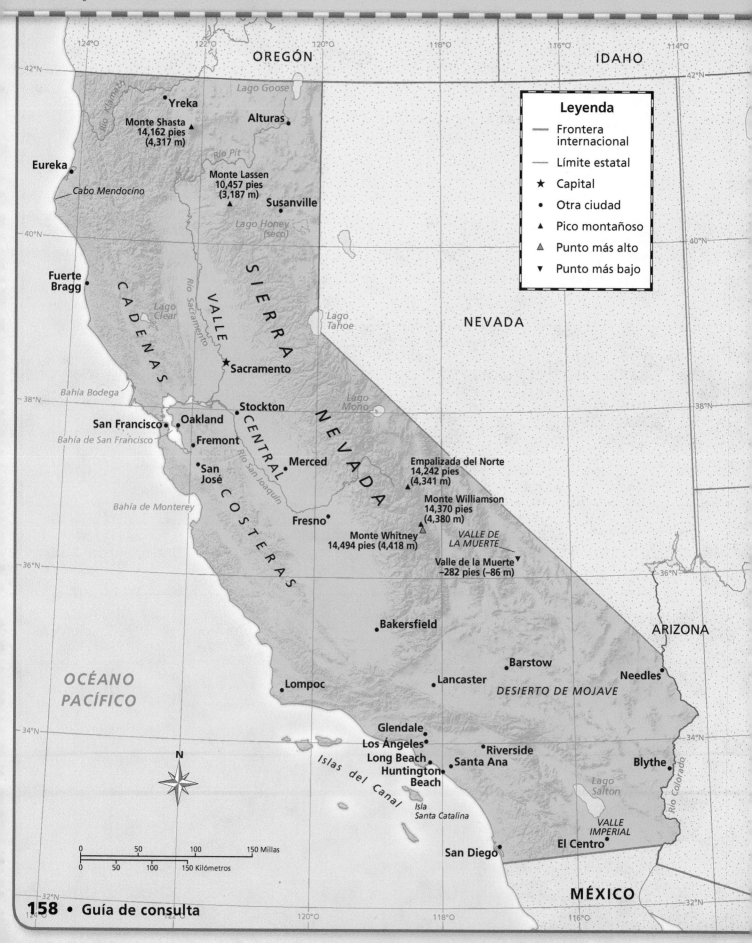

OREGÓN

IDAHO

124°O   122°O   120°O   118°O   116°O   114°O

42°N

Lago Goose

Yreka

Alturas

Monte Shasta
14,162 pies
(4,317 m) ▲

Río Pit

Eureka

Monte Lassen
10,457 pies
(3,187 m) ▲

Susanville

Cabo Mendocino

40°N

Lago Honey (seco)

Fuerte
Bragg

C
A
D
E
N
A
S

Lago Clear

V
A
L
L
E

S
I
E
R
R
A

Lago Tahoe

NEVADA

Bahía Bodega

38°N

★ Sacramento

Stockton

Lago Mono

San Francisco

Oakland

Bahía de San Francisco

Fremont

C
E
N
T
R
A
L

N
E
V
A
D
A

San
José

Río San Joaquín

Merced

Empalizada del Norte
14,242 pies ▲
(4,341 m)

Bahía de Monterey

C
O
S
T
E
R
A
S

Fresno

Monte Williamson
14,370 pies △
(4,380 m)

Monte Whitney
14,494 pies (4,418 m)

*VALLE DE
LA MUERTE*

36°N

Valle de la Muerte ▼
−282 pies (−86 m)

Bakersfield

ARIZONA

OCÉANO
PACÍFICO

Barstow

Needles

Lancaster

Lompoc

DESIERTO DE MOJAVE

34°N

N

Glendale

Los Ángeles

Riverside

Long Beach

Santa Ana

Blythe

Huntington
Beach

Islas del Canal

*Lago
Salton*

Río Colorado

*Isla
Santa Catalina*

*VALLE
IMPERIAL*

El Centro

San Diego

32°N

MÉXICO

120°O   118°O   116°O

Leyenda

— Frontera
internacional

— Límite estatal

★ Capital

● Otra ciudad

▲ Pico montañoso

△ Punto más alto

▼ Punto más bajo

0   50   100   150 Millas
0   50   100   150 Kilómetros

Glosario

Este glosario te ayudará a comprender el significado de las palabras del vocabulario de este libro. El número de la página te dice dónde aparece la palabra por primera vez.

A

accidente geográfico *s.* característica natural de la superficie de la Tierra (p. 11)

actor *s.* alguien que interpreta un papel en obras de teatro, películas o programas de televisión (p. 129)

acueducto *s.* tubería u otro tipo de sistema que transporta agua a distancia (p. 117)

acuerdo *s.* solución a un desacuerdo en el que cada parte renuncia a algo de lo que quiere (p. 81)

aeronáutica *s.* ciencia de la navegación aérea (p. 117)

agricultura *s.* cultivo de la tierra y crianza de animales (p. 23)

alcalde *s.* líder de una ciudad o pueblo (p. 151)

arquitectura *s.* estilo y diseño de un edificio (p. 23)

asentarse *v.* mudarse y fundar un nuevo lugar para vivir (p. 19)

B

bahía *s.* parte de un mar o lago que crea una entrada en la costa (p. 121)

bolsa de valores *s.* negocio de comprar y vender acciones de compañías (p. 111)

boomtown *s.* población que crece rápidamente como resultado de nuevos negocios (p. 75)

C

capital *s.* ciudad donde se encuentra el gobierno central de un país o de un estado (p. 11)

catolicismo *s.* religión de la Iglesia Católica (p. 41)

cazador-recolector *s.* persona que obtiene sus alimentos cazando animales y recolectando plantas (p. 53)

ciudadanía *s.* deberes, derechos y responsabilidades de los individuos que viven en un estado o país (p. 139)

clima *s.* patrones del tiempo de un lugar durante un largo período (p. 7)

colegio universitario *s.* escuela en la que la gente va a estudiar después de terminar la escuela secundaria (p. 125)

colonia *s.* asentamiento de personas que van de un país a vivir en otro (p. 41)

comerciante *s.* alguien que compra y vende bienes (p. 97)

comerciar *v.* intercambiar bienes y servicios (p. 31)

comunicación *s.* modo en que la gente envía y recibe información (p. 91)

concesión de tierras *s.* terreno entregado por el gobierno (p. 49)

consejo municipal *s.* grupo de personas que hacen las leyes de la ciudad (p. 151)

constitución *s.* plan escrito de gobierno para un país o estado (p. 85)

Glosario

convención *s.* reunión grande que tiene un propósito especial (p. 135)

corriente *s.* movimiento del flujo del agua (p. 37)

costa *s.* zona junto al mar (p. 11)

costumbre *s.* manera en que un grupo de personas hace algo (p. 31)

creencia *s.* algo que se considera verdadero o real (p. 31)

cultivar *v.* preparar y usar la tierra para sembrar cultivos (p. 53)

cultura *s.* las costumbres, el arte, los espectáculos y la recreación de un grupo (p. 129)

D

deber *s.* responsabilidad, o algo que se debe hacer (p. 135)

delegado *s.* persona elegida para hablar en nombre de otras (p. 85)

delta *s.* parte en la que un río se divide en ríos más pequeños que fluyen hacia una masa de agua (p. 121)

densidad demográfica *s.* número promedio de personas que viven en una unidad específica de área (p. 23)

depresión *s.* período en el que hay poca actividad en los negocios y muchas personas no tienen trabajo (p. 111)

desierto *s.* área que recibe menos de diez pulgadas de lluvia al año (p. 11)

discriminación *s.* tratar a alguien de una manera diferente e injusta en comparación con la forma en que se trata a otra persona (p. 97)

distrito *s.* parte de un país, ciudad o estado demarcada para un determinado propósito (p. 151)

diversidad *s.* muchas personas o cosas diferentes (p. 97)

E

economía *s.* forma en la que se administran los recursos de un país, estado, región o comunidad (p. 49)

ecuador *s.* línea de latitud que recorre la Tierra por la mitad (p. 3)

elección *s.* evento en el que las personas votan para elegir a alguien para que ocupe un cargo oficial (p. 147)

embalse *s.* lugar donde se retiene y almacena agua para ser usada (p. 121)

empresario *s.* persona que inicia un negocio nuevo con la esperanza de ganar dinero (p. 75)

enmienda *s.* cambio o adición (p. 135)

esclavitud *s.* práctica que consiste en ser dueño de otras personas y obligarlas a trabajar sin paga (p. 81)

escuela privada *s.* escuela que no pertenece al gobierno (p. 125)

escuela pública *s.* escuela que está disponible a cualquier persona (p. 125)

escuela vocacional *s.* escuela en que se aprende un oficio (p. 125)

exclusión *s.* acción de mantener afuera algo o a alguien (p. l03)

expandirse *v.* crecer (p. 71)

expedición *s.* viaje que se realiza con un determinado propósito (p. 41)

explorar *v.* viajar a otros lugares para conocerlos mejor (p. 37)

exportar *v.* enviar algo a otro país o región para venderlo (p. 97)

Glosario

F

frontera *s.* línea oficial que separa un lugar de otro (p. 19)

fuerte *s.* edificio que los soldados usaban para defender un lugar importante (p. 45)

fugitivo *s.* persona que trata de escapar de la ley (p. 81)

función *s.* propósito (p. 147)

G

gobierno *s.* conjunto de leyes y líderes de un país (p. 57)

H

hemisferio *s.* una mitad de la Tierra (p. 7)

huelga *s.* cuando los trabajadores se niegan a hacer su trabajo hasta que se cumplan sus demandas (p. 103)

I

importar *v.* traer algo desde otro país o región para venderlo (p. 97)

impuesto *s.* dinero que el gobierno recolecta para pagar sus servicios (p. 61)

inflación *s.* aumento de precios (p. 111)

ingeniero *s.* alguien que diseña estructuras como carreteras, puentes y máquinas (p. 91)

inmigrar *v.* venirse a vivir de otro país (p. 71)

inversionista *s.* persona que le da dinero a una compañía con la esperanza de recibir ganancias más adelante (p. 91)

J

jurisdicción *s.* área sobre la cual una autoridad tiene control (p. 143)

L

leyenda *s.* relato antiguo y muy conocido (p. 31)

límite *s.* línea o accidente geográfico que separa dos regiones, estados o países (p. 57)

línea de latitud *s.* línea imaginaria que va en dirección este-oeste alrededor de la Tierra (p. 3)

línea de longitud *s.* línea imaginaria que va del polo norte al polo sur (p. 3)

M

mesa directiva escolar *s.* grupo de personas que ayudan a administrar las escuelas de un área (p. 151)

migrar *v.* irse de un lugar a otro (p. 71)

misión *s.* asentamiento establecido por un grupo religioso para enseñarles su religión y otros modos de vida a los indígenas (p. 41)

misionero *s.* persona que enseña su religión a personas que tienen creencias diferentes (p. 41)

O

ocupante ilegal *s.* persona que se asienta en un terreno que no le pertenece (p. 103)

ocupar *v.* asumir control de un lugar (p. 49)

Glosario

P

paso de montaña *s.* espacio estrecho en una cordillera (p. 19)

pionero *s.* persona que es de las primeras en poblar una parte de un territorio (p. 67)

poder *s.* parte del gobierno (p. 143)

poder ejecutivo *s.* parte del gobierno responsable de poner en práctica las leyes (p. 143)

poder judicial *s.* parte del gobierno responsable de decidir si las leyes han sido violadas (p. 143)

poder legislativo *s.* parte del gobierno responsable de hacer las leyes (p. 143)

presidio *s.* fuerte (p. 49)

primer meridiano *s.* línea de longitud principal de la Tierra (p. 3)

principio *s.* creencia fundamental (p. 135)

producto *s.* algo que se fabrica, se cultiva o se extrae de la naturaleza para venderlo (p. 97)

pueblo *s.* aldea (p. 49)

R

racionar *v.* dar a la gente sólo una cantidad limitada de algo porque no hay suficiente (p. 111)

ranchería *s.* reservación pequeña (p. 151)

rancho *s.* finca grande en la que se cultiva la tierra y se crían caballos, ganado vacuno, ovejas y cerdos (p. 49)

ratificar *v.* aprobar de manera oficial (p. 85)

recurso natural *s.* material útil que proviene de la tierra (p. 19)

recurso no renovable *s.* recurso que viene de la tierra y no se puede reemplazar (p. 121)

recurso renovable *s.* recurso que se puede reemplazar (p. 121)

región *s.* área grande donde los lugares tienen características semejantes (p. 11)

religión *s.* creencia en o adoración de uno o más dioses (p. 31)

represa *s.* pared que se construye para retener agua (p. 53)

representante *s.* persona escogida para actuar en nombre de otras (p. 85)

república *s.* tipo de gobierno en el que los ciudadanos eligen líderes para que los representen (p. 85)

reservación *s.* área de tierra que pertenece a grupos de indígenas americanos (p. 151)

riego *s.* uso de tubería o canales para llevar agua adonde se necesita (p. 53)

rosa de los vientos *s.* símbolo que muestra las principales direcciones o puntos cardinales en un mapa (p. 3)

S

sequía *s.* período largo en que no llueve (p. 111)

solicitar *v.* pedirle oficialmente a alguien que haga algo (p. 81)

superintendente *s.* alguien que es responsable de todas las escuelas públicas de un área (p. 151)

Glosario

tecnología *s.* uso de conocimiento científico para resolver problemas (p. 91)

telégrafo *s.* aparato que envía señales a través de alambres usando electricidad (p. 91)

territorio *s.* superficie geográfica que depende de un gobierno externo, pero que generalmente posee algo de independencia (p. 57)

título *s.* grado académico que se le da a una persona que ha completado un programa de estudios en una escuela (p. 125)

trabajador itinerante *s.* alguien que se muda constantemente de un lugar a otro para realizar un trabajo (p. 107)

tradición *s.* manera especial en que un grupo de personas hace algo, que es parte de su modo de vida (p. 31)

transporte *s.* traslado de cosas, personas o animales de un lugar a otro (p. 23)

trópico de Cáncer *s.* el punto más al norte que el sol ilumina directamente desde arriba (p. 7)

trópico de Capricornio *s.* el punto más al sur que el sol ilumina directamente desde arriba (p. 7)

ubicación absoluta *s.* ubicación exacta o casi exacta de un lugar en la Tierra expresada en grados norte o sur, y este u oeste (p. 3)

universidad *s.* escuela en el cual puedes obtener el más alto título o grado académico (p. 125)

votar *v.* expresar tu preferencia por algo o alguien, lo cual resulta en una decisión (p. 147)

zona rural *s.* área donde hay pueblos pequeños o granjas (p. 23)

zona suburbana *s.* área cerca de una ciudad (p. 23)

zona urbana *s.* área donde está una ciudad (p. 23)

Índice

Este índice incluye las páginas en las que aparecen los temas de este libro. Los números de página incluidos después de *m* corresponden a un mapa. Los términos *Ver* y *Ver también* dirigen a otras entradas.

Índice

Índice

Índice

Reconocimientos

Texto

Excerpt from 'Diary of Pedro Font', November 1, 1775 from *Anza's California Expeditions 5 vols.* Copyright © 1930 The Regents of the University of California. Reprinted by permission. p. 56

Excerpt from "49er: Memories Recalled Years Later for Her Daughter" by Correnah Wilson Wright. Copyright © 1937, Eucalyptus Press of Mills College. Reprinted by permission. p. 80

Ilustraciones

1, 4, 5, 9, 12, 20, 24, 25, 28, 32, 38, 42, 46, 58, 68, 72, 76, 78, 82, 86, 92, 93, 94, 104, 112, 114, 119, 122, 136, 140, 156, 158 Mapquest, Inc.; **13** Cheryl Mendenhall; **15** Andrea Z. Tachiera; **50, 124** Robert Lawson.

Fotografías

Every effort has been made to secure permission and provide appropriate credit for photographic material. The publisher deeply regrets any omission and pledges to correct errors called to its attention in subsequent editions.

Unless otherwise acknowledged, all photographs are the property of Pearson Education, Inc.

Photo locators denoted as follows: Top (T), Center (C), Bottom (B), Left (L), Right (R), Background (Bkgd)

Páginas iniciales: i (T) Charles O'Rear/Corbis, (Bkgd) Spencer Grant/PhotoEdit; ii (C) ©J.M. Dunn/Robertstock, (T) ©The Irvine Museum; iii ©Bruce Burkhardt/Corbis, (T) From the collection of the SFMTA Archives.; iv (T) ©Neil Lukas/DK Images, (T) SuperStock; v (B) ©Japanese American Archival Collection. Department of Special Collections and University Archives, Library/California State University, Sacramento, (C) ©Lee Foster/Lonely Planet Images; vi (Bkgd) Richard Cummins/Corbis;

Unidad 1: 7 (C) ©Nora Good/Masterfile Corporation; **10** Tim Davis/Corbis; **11** Harvey Lloyd/Getty Images; **12** (B) Radius Images /Alamy; **13** (T) Ellen Isaacs /Alamy; **14** (BR) ©Alan Schein, (C) ©Henryk T. Kaiser/Getty Images, (CL) ©Pete Saloutos/Corbis, Harold Sund/Getty Images; **15** (CR) ©John Elk III/Photoshot, (CL) ©Joseph Sohm; ChromoSohm Inc/Corbis, (C) Dennis Hallinan/Alamy Images, (B) Elizabeth Holmes/OmniPhoto/Universal Images Group, (CL) Nik Wheeler, (CL) Photoshot, (TR, BR) Shutterstock; **16** (C) SuperStock/Alamy Images; **17** Charles O'Rear/Corbis;

Unidad 2: 21 (T) ©Ed Young/Corbis; **22** (CL) Brown Brothers, (R) Ronnie Kaufman/Corbis; **23** Ted Streshinsky/Corbis; **24** (R) Corbis Premium RF/Alamy; **25** (B) ©Robert Campbell/SuperStock; **26** (Inset) C. Moore/Corbis, (B) Spencer Grant/

PhotoEdit; **27** Bruce Burkhardt/Corbis; **31** (Bkgd) ©Lawrence Migdale; **33** (BL) bpk, Berlin/Dietrich Graf/Art Resource, NY, Chuck Place/Alamy Images; **34** ©The Granger Collection, NY; **35** (T) ©Lawrence Migdale; **36** (BR) Getty Images; **37** ©Courtesy of the Bancroft Library, University of California, Berkeley; **39** The Granger Collection, NY; **40** (CR) The Granger Collection, NY; **41** (C) Corbis; **42** (B) ©Lee Foster/Lonely Planet Images, (T) ©Seaver Center for Western History Research; **43** North Wind Picture Archives/Alamy Images; **44** (BR) ©Lake County Museum/Corbis; **46** ©Michael Maslan Historic Photographs/Corbis; **47** (TR) ©The Irvine Museum; **48** Richard Cummins/ Robert Harding Picture Library Ltd/Alamy Images; **49** Thomas Barrat/Shutterstock; **51** (CR) ©Phil Schermeister/Corbis; **53** Sienna Van Nostrand/Alamy; **54** (CR) ©The Granger Collection, NY, (BL) Aurora Photos/Alamy Images; **55** (CR) ©Lowell Georgia/Corbis; **56** (C) BANC MSS M-M 1725, Page 2/©Courtesy of the Bancroft Library, University of California, Berkeley; **57** Art Resource, NY; **58** (BR) The Granger Collection, NY; **59** (CR) The Granger Collection, NY; **60** (BR) AP/Wide World Photos; **61** ©George H. H. Huey/Corbis; **62** (BR) The Granger Collection, NY; **63** (T) ©Bonnie Kamin/PhotoEdit; **64** (C) ©Earth Science & Map Library/University of California, Berkeley;

Unidad 3: 67 (C) ©Dave G. Houser/Corbis; **68** Andrew McKinney/©DK Images; **69** (TL) The Granger Collection, NY; **71** (C) Getty Images; **72** (BL) ©Villa Farnese, Caprarola, Lazio, Italy, Giraudon/Bridgeman Art Library; **73** (C) ©Archives Charmet/Bridgeman Art Library, (TR) The Granger Collection, NY; **74** (BL) James Steinberg /Photo Researchers, Inc.; **75** (C) ©John Cancalosi/ Stock, Boston Inc/Jupiter Images; **76** ABN IMAGES/Alamy Images; **77** (T) The Granger Collection, NY; **78** (CR) Corbis, (BL) Getty Images; **79** (CR) Levi Strauss & Co., (C) Nancy Richmond/Image Works; **80** (TR) ©Carl Mautz; **81** North Wind Picture Archives; **82** (BC) Corbis; **83** (TR) ©Permission granted by Jack Kim/Berkeley Architectural Heritage Association; **84** (C) The Granger Collection, NY; **85** (C) ©J.M. Dunn/Robertstock; **87** (BR) Call number 1899.001 03—fALB/©Courtesy of the Bancroft Library, University of California, Berkeley;

Unidad 4: 91 (C) SuperStock; **92** (BR) ©Hulton Archive/Getty Images; **93** (BR) ©National Museum of American History/Neg.#74-2491/National Museum of American History/Smithsonian Institution, (TR) The Granger Collection, NY; **95** (TL) ©Courtesy of the California History Room, California State Library, Sacramento CA, (TR) Bettmann/Corbis; **96** (C) Bettmann/Corbis; **97** (CR) ©Bettmann/Corbis, (C) Bettmann/Corbis; **98** (B) Corbis; **99** (B) From the collection of the SFMTA Archives.; **100** (B) ©Japanese American Archival Collection. Department

of Special Collections and University Archives, Library/California State University, Sacramento; **101** (T) Corbis, (CR) The Granger Collection, NY; **103** (C) ©Detail of Image 231-18-013, Courtesy of California State Parks, 2004/California State Parks; **104** (BR) ©Courtesy of the California History Room, California State Library, Sacramento CA; **105** (T) Courtesy of California State Parks, 2004. Image 090-711; **106** (TR) National Archives; **107** (C) The Granger Collection, NY; **108** (BR) Corbis; **109** (T) ©Paul Conklin/PhotoEdit; **110** (BR) ©1976 George Ballis/Take Stock, (CR) CSU Archives/Everett Collection/Alamy Images; **111** (C) Corbis; **112** (BR) Brown Brothers, (Bkgd) Corbis, (C) Minnesota Historical Society/Corbis; **113** (BR) Corbis, **114** (CR) Courtesy of FDR Library, Hyde Park, NY; **115** Collection Center for Creative Photography, University of Arizona ©The Ansel Adams Publishing Rights Trust/Library of Congress, (TL) Gift of Jack and Peggy Iwata, Japanese American National Museum (93.102.123); **116** (CR) ©Island Mountain Trading Company, (R) ©Susan Ahn Cuddy Collection/Island Mountain Trading Company; **117** (C) Corbis; **118** (BR) Brown Brothers; **120** (CR) ©JSC Digital Image Collection/NASA, (TR, CR) Getty Images; **121** (C) ©Bob Rowan/Corbis; **122** (B) ©Simon Wilkinson/Getty Images; **125** ©Myrleen Pearson/Alamy Images; **126** (T) Online Archive of California/1996.003 v/28:71b--fALB/©Courtesy of the Bancroft Library, University of California, Berkeley; **127** (CR) John Elk III; **129** (C) ©Robert Landau/Corbis; **130** (BC) ©Gary Conner/Getty Images; **131** (CR) Corbis, (C) SuperStock; **132** (BL) ©Allstar Picture Library/Alamy Images, (CR) NewsCom;

Unidad 5: 135 (C) ©Bettmann/Corbis; **136** ©Robert Mullan/Alamy; **137** (TR) The Granger Collection, NY, WorldFoto/Alamy Images; **138** (TR) Aaron Haupt/Photo Researchers, Inc.; **139** (C) ©Bill Aron/PhotoEdit; **140** (TR) ©California State Archives; **141** (TC) ©Robyn Beck/AFP/Getty Images; **142** (BR) ©Neil Lukas/DK Images; **143** (C) ©Warner J. Bertsch/Photoshot; **144** (BR) AP/Wide World Photos; **146** (BC) ©Penni Gladstone/San Francisco Chronicle/Corbis, (BR, BL) AP/Wide World Photos; **147** (C) AP/Wide World Photos; **148** (CR) ©Courtesy Ronald Reagan Library, (BC) AP/Wide World Photos; **149** (T) ©Mark Richards/PhotoEdit; **150** (B) Judicial Council of California/California Courts, The Judicial Branch of California; **151** (CR) AP/Wide World Photos; **152** Kevin Sullivan/The Orange County Register/ZUMAPRESS/NewsCom; **153** (BR) ©Michael Newman/PhotoEdit; **154** ©M. Sobreira/Alamy Images; **155** (B) ©Spencer Grant/Stock, Boston Inc./Jupiter Images.